マンション管理適正化法 Q&A

●編著● マンション管理適正化研究会

大成出版社

発刊によせて

　土地利用の高度化の進展に伴い、都市部における持家住宅として定着してきた分譲マンションのストック数は約370万戸といわれ、約1千万人以上の方が居住していると推計されています。これは、日本国内の人口の約10％に相当し、住生活上、マンションの重要性は年々増大してきています。

　マンションにおける快適な居住の実現と良質な住宅ストックとしての維持保全にあたっては、その管理が適正に行われることが必要です。しかし、マンションの管理にあたるそれぞれの管理組合は必ずしも管理業務に精通していないこと、管理組合と業務を委託している管理業者が契約内容や金銭処理等に関しトラブルを起こす例があること、マンションの管理に関する専門的な知識を持った人材や相談体制が不十分であること等、適切なマンションの管理の推進にあたっての課題が存在しています。

　このような状況に対処するため、マンション管理士の資格を定め、マンション管理業者の登録制度を実施する等マンション管理の適正化を推進するための措置を講ずることで、マンションにおける良好な居住環境の確保を図ることを目的として、「マンションの管理の適正化の推進に関する法律案」が自民党・公明党・保守党の3党の議員提案によって国会へ提出され、平成12年12月1日に賛成多数をもって可決・成立しました。

　この新しい法律の誕生により、マンション管理士をはじめとした新たなマンション管理制度が導入されることから、本年はマンション管理元年ともいえます。

　マンションは、居住者の方々をはじめとしたマンション管理に携わる方々が、問題意識を持ち、マンション管理に取り組むことで、共同居住という利点を活かした快適で安心できるマンションライフを実現することができると考えております。

　マンション管理問題に取り組んできた者といたしまして、本法律により、マンション管理に携わるみなさんと国、地方公共団体とが連携しながら、快適で安心できるマンションライフが実現されることを期待しております。

　最後に、本書が、本法の趣旨と内容のご理解をいただく一助となることを心より期待いたします。

平成13年1月吉日

　　　　　　　　　　　山本　有二
　　　　　　　　　　　［マンションの管理の適正化の推進に関する法律筆頭提案者
　　　　　　　　　　　　衆議院議員］

目次

発刊によせて

第1章　マンションの管理の適正化の推進に関する法律の概要
Ⅰ　マンションの管理の適正化の推進に関する法律制定の背景 ……………… 3
　1　マンションの供給状況 …………………………………………………… 3
　2　マンション管理問題とその背景 ………………………………………… 4
Ⅱ　マンションの管理の適正化の推進に関する法律の意義 …………………… 8
　1　マンションの管理の適正化の推進に関する法律の重要性 …………… 8
　2　マンションの管理の適正化の推進に関する法律の概要 ……………… 8
Ⅲ　マンションの管理の適正化の推進に関する法律制定の経緯 ……………… 14

第2章　Q&A
（マンション管理適正化法総論）

Q1　マンション管理適正化法が立法された趣旨・目的について教えてください。……………………………………………………………… 17

Q2　本法律の対象となるマンションとは、具体的にどのようなものですか。例えば、賃貸マンションや公団住宅は含まれるのですか。また、マンションに附属する駐車場や集会所の取扱いはどうなるのですか。………………………………………………………… 18

Q3　マンションの管理に関し、具体的にどのような問題が生じているのですか。………………………………………………………………… 19

Q4　マンションは個人の私有財産であり、その管理は所有者の自己責任に基づき行われるべきものだと思いますが、本法律を制定し、行政がマンションの管理に積極的に関与する理由はなんですか。……………………………………………………………………… 20

Q5　この法律では、マンションとはどのようなものをさすのですか。……………………………………………………………………………… 21

Q6　国土交通大臣がマンション管理適正化指針を定めるのはなぜですか。……………………………………………………………………… 22

Q7　管理組合、区分所有者の役割とはどのようなものですか。………… 23

Q 8　マンションの管理の適正化を推進するに当たり、国と地方公共団体の役割分担はどのようになるのですか。……………24

Q 9　法第5条の国及び地方公共団体の措置とはどのようなことですか。……………25

Q10　本法律では、マンションの適正な管理を推進するためにどのような措置を講じるのですか。……………26

（マンション管理士関係）

Q11　マンション管理士はなぜ必要なのですか。……………27

Q12　マンション管理士とは、どのような資格ですか。具体的に、どのような場合に、誰からどのような相談を受け、どのような指導、助言を行うことを想定しているのですか。……………28

Q13　マンション管理士の資格はなぜ必要なのですか。……………29

Q14　マンション管理士とマンション管理業主任者の関係はどうなっているのですか。マンション管理士は、マンション管理業者に対し意見を述べたり、業者と交渉したりすることもあるのですか。……………30

Q15　マンション管理士の資格はどのような人が取得するのですか。……………31

Q16　マンション管理士を登録制としているのはなぜですか。……………32

Q17　マンション管理士について、講習が義務付けられているのはなぜですか。……………33

Q18　どのような場合にマンション管理士の登録が取り消されるのですか。……………34

Q19　マンション管理士の義務にはどのようなものがありますか。……………35

Q20　マンション管理士は名称独占資格と聞きましたが、業務独占資格でないのはなぜですか。……………36

（マンション管理適正化推進センター）

Q21　マンション管理適正化推進センターとは、どのようなものですか。……………37

Q22　技術的支援、苦情処理とは具体的にどのようなことですか。……………38

（マンション管理業関係）

Q23　マンション管理業の登録制度創設の趣旨はなんですか。……………39

Q24　マンション管理業について、どのような業務を行う場合には登録が必要であり、どのような業務であれば登録なしで営業できるのですか。……………40

Q25　大部分がオフィスである区分所有建物を管理する場合も、マ

ンション管理業の登録をする必要があるのですか。……………………41

Q26 マンション管理業の登録要件等について教えてください。……………42

Q27 管理業務主任者の役割及び業務内容について教えてください。……43

Q28 事務所ごとに定める管理業務主任者の数について教えてください。……………………………………………………………………………44

Q29 管理業務主任者の登録の要件について教えてください。……………45

Q30 マンション管理業者として登録していても、管理業務主任者を設置しなくてもよいのはどのような場合ですか。……………………46

Q31 マンション管理業者に義務付けられた重要事項説明とはなんですか。
　　　また、マンション管理業者はどのようなことをしなければならないのですか。…………………………………………………………47

Q32 新築マンションについて、「一定機関に契約期間が満了する管理受託契約については、重要事項の事前説明を要しない」としている趣旨について教えてください。…………………………………49

Q33 マンション管理業者は、管理契約の成立時、だれに、どのような書面を交付しなければならないのですか。……………………50

Q34 管理事務のうち基幹事務の一括再委託を禁止する理由はなんですか。…………………………………………………………………51

Q35 マンション管理業者に財産の分別管理を義務付けている趣旨について教えてください。これによってマンション管理組合の修繕積立金等が保護されるのですか。…………………………………52

Q36 マンション管理業者の情報開示については、具体的に、どのような措置が講じられることとなるのですか。………………………53

Q37 管理組合に対しなされる業務報告とはどのようなものですか。………………………………………………………………………54

（その他）

Q38 この法律で指定されるマンション管理業者の団体はどのようなものですか。………………………………………………………55

Q39 マンション分譲業者に、マンションの設計に関する図書の引渡しを義務付けた趣旨について教えてください。……………………56

Q40 現在マンションの管理業を営んでいる者は、本法律が施行された場合でも、円滑に業を継続することができるのですか。………57

目次　3

第3章　参考資料

■マンションの管理の適正化の推進に関する法律……………………………………61
■マンションの管理の適正化の推進に関する法律要綱………………………………88

第1章 マンションの管理の適正化の推進に関する法律の概要

I マンションの管理の適正化の推進に関する法律制定の背景

1 マンションの供給状況

　わが国におけるマンションの供給は昭和30年代に始まり、今日のように都市型住宅として急速な普及をみたのは、昭和40年代に入ってからのことです。

　マンションは、数次のマンションブームを繰り返しながら着実に増加し、平成11年度末現在の全国におけるマンションのストックは、約370万戸を超えるものと推計されています。平成7年以降は毎年20万戸近くのマンションが供給されています（図―1参照）。

図―1　マンション供給状況（竣工ベース）

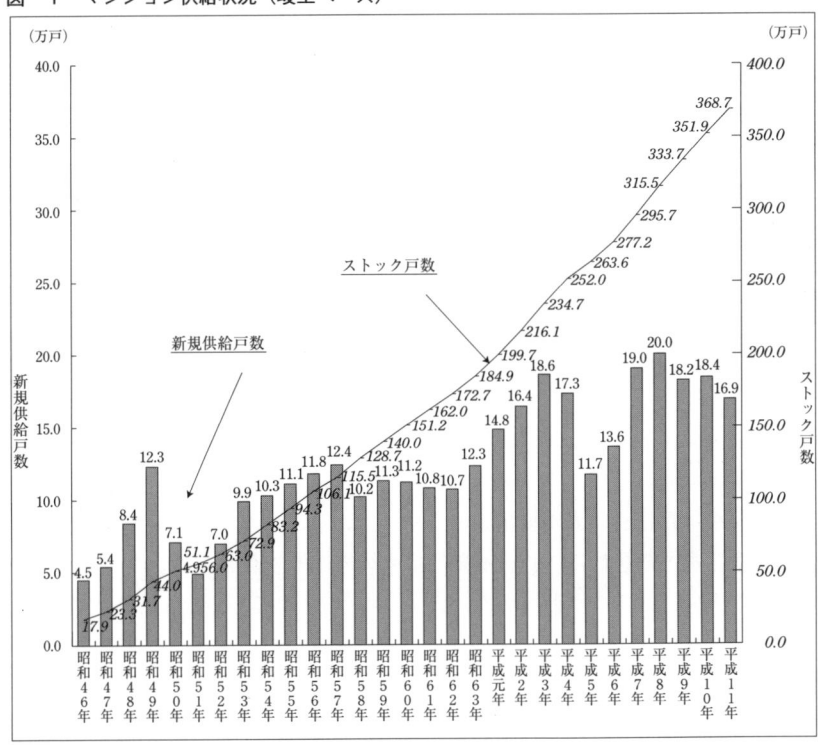

　(注)　1．新規供給戸数は建築着工統計等を基に推計した。
　　　　2．ストック戸数は新規供給戸数の累積等を基に推計した。
　　　　3．ここでいうマンションとは、中高層（3階建て以上）・分譲・共同建で、鉄筋コンクリート、鉄骨鉄筋コンクリート又は鉄骨造の住宅をいう。

このように、比較的新しい住形式であるにもかかわらず、マンションが大都市を中心に着実に普及・定着してきた背景には、①宅地需要の逼迫に伴う地価の高騰により都市部における一戸建て住宅の取得が困難となる中で、土地の高度利用を図ることによって相対的に低廉な価格での供給が行われ、国民の根強い持屋指向に応えてきたこと、②職住接近の要請が高まる中で、立地条件や使用の手軽さをはじめとするマンションの利便性・機能性に対して積極的な評価が行われてきたこと、③マンションの建設・購入に対する融資制度が、昭和40年代半ば以降急速に整備され、住宅金融面からマンション需要の増大を可能にしていったこと、などがあると考えられます。

2　マンション管理問題とその背景

このように、マンションは比較的短期間に急速に普及した住形式であるため、種々の問題が発生しています。

平成11年度に実施された「マンション総合調査」によると、マンション居住における過去に発生したトラブルの発生状況としては、居住者間の生活マナーをめぐるトラブルでは、「音に関する問題」が50.2％と最も多く、続いて、ペット問題が45.4％となっている。また、建物の不具合から生じるトラブルでは「水漏れ」が33.8％、「雨漏り」が23.5％となっており、費用負担に関するトラブルとしては「管理費等の滞納」が34.3％となっているなど（数字は重複回答）、マンションの維持・管理に係わる問題に対して、多くの居住者が不安や不満を抱えていることが分かります（表—1参照）。

このようなマンションの管理問題としては、次のような点を指摘できます。

その第一は、マンションの住形式の新しさです。マンションは一棟の建物に多数の者が共同して居住する方式であり、そこにおいては、当然、一戸建て住宅とは異なった住まい方が要求されます。しかし、わが国においては、このような共同住宅での居住は、比較的新しいものであり、生活慣行、共同居住ルールがまだ十分には確立されていないため、生活をめぐるトラブルが多いのです。

第二は、各居住者が建物を区分して、所有することに内在する意思決定の難しさがあります。マンションは、本来、物理的には一つの運命共同体でありながら、各区分所有者がそれぞれ建物を区分して所有するため、それぞれの意思をまとめ、合理的な意思決定を行うことが困難となる場合が少なくありません。他方、共用部分については、各自が自由に権利行使ができないことから、所有

意識が希薄で、その管理に対する関心も必ずしも高いとはいえません。こうしたことから、適切な維持管理がなかなかされにくいという状況がもたらされています。

さらに、第三には、利用形態の混在があります。マンションは、分譲後、時を経るにしたがい、各専用部分が譲渡され、あるいは賃貸されて、その利用形態の混在化が進むことがあります。当初は、住居専用マンションで、区分所有者自らがそこに居住していたものが、やがて事務所に用途が変更されたり、賃貸に回され管理に無関心な賃借人が居住用するようになるなど、管理水準が著しく低下するといったケースが見られます。

また、いわゆる下駄履きマンションなど居住と店舗が共存するマンションでは、住居部分の所有者と店舗部分の使用者と間に、利用形態の違いに基づく利害関係が生じやすいのです。このような利用形態の混在によって、マンションの管理をめぐる紛糾が少なからず、生じているのが現状です。

以上のように、マンションの管理問題は、基本的には、共同住宅という居住形式の新しさと区分所有という居住形式に起因する権利、利用関係の複雑性に由来するということがいえます。

表—1　トラブルの発生状況　　　　　　　　（左欄：回答数、右欄：％）

分類	項目	回答数	％
居住者間の行為、マナー	駐車場問題	330	36.4
	ペット問題	412	45.4
	音に関する問題	455	50.2
	バルコニーの使用方法	147	16.2
	専有部分のリフォーム	113	12.5
	その他居住者間の行為等のトラブル	61	6.7
建物の不具合	雨漏り	213	23.5
	水漏れ	307	33.8
	外壁落下	45	5.0
	その他の建物不具合から生じるトラブル	30	3.3
管理会社等	委託業務の実施に関すること	66	7.3
	管理人とのトラブル	56	6.2
	その他管理会社等とのトラブル	8	0.9
近隣関	日照権	40	4.4
	電波障害	108	11.9

係	その他近隣とのトラブル	58	6.4
管理組合の費用負担	役員の不当行為	11	1.2
	その他管理組合運営をめぐるトラブル	8	0.9
	管理費等の滞納	311	34.3
	その他費用負担に関するトラブル	8	0.9
管理規約	議決権の設定方法	15	1.7
	その他管理規約に関するトラブル	13	1.4
	その他のトラブル	17	1.9
特にトラブルは生じていない		117	12.9
不明		31	3.4
全体		907	100.0

(注) 1．建設省「平成11年度　マンション総合調査結果」より
    2．調査対象及び調査数
       ［管理組合向け　　2,000　有効回答数　907　回収率　45.4％］
       ［区分所有者向け　40,000　　〃　　　12,383　　〃　　31.0％］

21世紀の豊かな生活を支える住宅・政策について
（住宅宅地審議会答申）〔抜すい〕

マンションストックの新たな更新・維持管理方策

　いわゆるマンションストックには、我が国の人口の約1割が居住しており、2000年に築後30年を超えるものが約12万戸、築後20年を超えるものが約93万戸となるなど、今後、築後相当の年数を経たものが急激に増大していくものと見込まれている。一方、マンションストックの維持管理、更新については、多数の世帯が集住するという特性から、さまざまな技術的な、制度的課題を抱えており、現状のまま何ら対策を講じなければ、老朽化したマンションストックの増大に伴う区分所有者自らの居住環境の悪化のみならず、周辺の住環境や市街地環境の広域的な悪化をもたらしたり、都心部をはじめとした合理的な土地の有効利用の隘路となる可能性がある。

　このような状況を踏まえ、マンションの適切な維持管理、建替えの円滑化を図るための制度構築、公的支援を実施していくことが必要である。

マンション管理の現状と課題

1. 現状
(1) マンションストック戸数（推計）
　　　平成11年末現在　368.7万戸（約1千万人）
(2) 登録管理業者数（建設省告示に基づく登録）
　　　平成11年度末現在　535業者（ストック戸数の約80％を管理）
2. 課題
(1) 管理組合運営関係
　① マンションの住まい方の理解不足（区分所有法を知っている者は約1割）
　② 管理組合活動の停滞（組合総会の参加者は約4割）
　③ 管理規約の適正化（組合自身の作成は2割、不利益な規約も有）
　④ 専門的相談体制の不足（マンションを専門とする相談員がいない）
(2) 修繕関係
　① 長期修繕計画の未整備（組合の2割は計画がない）
　② 修繕積立金の不足（標準例より約15％低い）
　③ 専有部分・共用部分の構造上の区分の問題から生じるリフォーム時のトラブル（フローリング等の居室改築、給排水管取替等）
(3) 管理組合と管理業者の管理委託関係
　① 管理組合の大部分が管理業者に委託（約85％の管理組合が委託、管理業者への施策が重要）
　② 区分所有者に対する管理委託契約締結に際しての重要事項の説明不足
　③ 修繕積立金等についての管理業者名義の存在（約15％）
　④ 登録が任意の制度のため、未登録業者に対する情報開示、業務規制が及ばず管理組合保護に欠ける（未登録管理業者による管理はストック戸数の約1割～2割）
(4) 分譲業者関係
　マンション分譲時における竣工図書の管理組合への引渡のない事例の存在

Ⅱ　マンションの管理の適正化の推進に関する法律の意義

1　マンションの管理の適正化の推進に関する法律の重要性

　マンションは、複数の区分所有者が一棟の建物を区分して所有しているため、そこに見られる複雑な権利・利用関係を調整し、区分所有者全員が一体となってマンションの維持管理にあたる体制を整備しておく必要があります。マンションを含めた区分所有建物の権利関係や管理運営の基本原則を定めた法律としては、区分所有法がありますが、マンションの重要性が増大し、また発生したトラブルに対応するため、新たにマンション管理士の資格を定め、マンション管理業者の登録制度を実施する等マンションの管理の適正化を推進するための措置を講ずるマンションの管理の適正化の推進に関する法律（以下「マンション管理適正化法」）が制定されました。

2　マンションの管理の適正化の推進に関する法律の概要

(1)　目　的

　多数の区分所有者が居住するマンションの重要性が増大していることから、マンションの管理の適正化を推進するための措置を講ずることで、マンションにおける良好な居住環境の確保を図り、国民生活の安定向上等に寄与することを目的としています。

　なお、本法律では、マンションとは二以上の区分所有者がいる建物で居住用の専有部分があるもの、またその敷地及び付属施設等となっています。

(2)　管理組合による管理の適正化を確保するための施策

　①　国土交通大臣は、マンションの管理の適正化の推進を図るため、管理組合によるマンションの管理の適正化に関する指針（以下「マンション管理適正化指針」という。）を定め公表することとなりました。

　②　管理組合は、マンション管理適正化指針の定めるところに留意して、マンションを適正に管理するよう努めなければならないものとし、マンションの区分所有者等は、マンションの管理に関し、管理組合の一員としての役割を適切に果たすよう努めなければならないこととなりました。

③　国及び地方公共団体は、マンションの管理の適正化に資するため、管理組合又はマンションの区分所有者等の求めに応じ、必要な情報及び資料の提供その他の措置を講じるよう努めなければならないこととなりました。

(3) マンション管理士の資格の創設

　国土交通大臣の登録を受けて、管理組合の運営その他のマンションの管理に関し、管理組合の管理者等の相談に応じ、助言、指導等を業として行う者としてマンション管理士（国家資格）が創設されました。

　なお、マンション管理士の義務等としては、名称使用制限、秘密保持義務、講習受講義務、信用失墜行為の禁止があげられます。

(4) マンション管理業の適正化のための措置

　①　マンション管理業登録制度の創設

　　管理組合から委託を受けてマンションの管理に関する事務を業として行う業者について、マンション管理業者の登録及び管理業務主任者（国家資格）の制度を整備するとともに、その業務に関し、必要な規制、監督を行います。

　　マンション管理業者の業務等について、重要事項の説明、契約成立時の書面の交付、財産の分別管理、管理事務の報告等の規定を設け、この法律の規定に違反する行為等があったときは、国土交通大臣は必要な指示、業務停止命令、登録の取り消し等の措置をとることができることとなりました。

　②　マンション管理業の健全な発展を図るための組織の指定

　　国土交通大臣は、マンション管理業者の業務の改善向上を図ることを目的とし、かつマンション管理業者を社員とする社団法人であって、管理組合等からの苦情の解決、管理業務主任者等に対する研修等の業務を確実に行うことができると認められるものを、その申請により指定できるものとし、当該法人が管理組合等から受領した管理費等を保証する業務ができることとなりました。

(5) マンション管理の支援のための専門的な組織の指定

　国土交通大臣は、管理組合によるマンションの管理の適正化の推進に寄与することを目的として設立された財団法人であって、管理組合の管理者等その他の関係者に対する情報提供、技術的支援及び講習、苦情の処理のために必要な指導及び助言、調査及び研究、啓発活動及び広報活動の業務に関し一定の基準に適合すると認められるものを、その申請により、全国に一を限って、マンションの管理適正化推進センターとして指定することができることとなりました。

(6) 分譲段階における適正化の措置

　宅地建物取引業者は、自ら売り主として新築マンションを分譲した場合においては、管理者等に対して、設計に関する図書を交付しなければならないこととなりました。

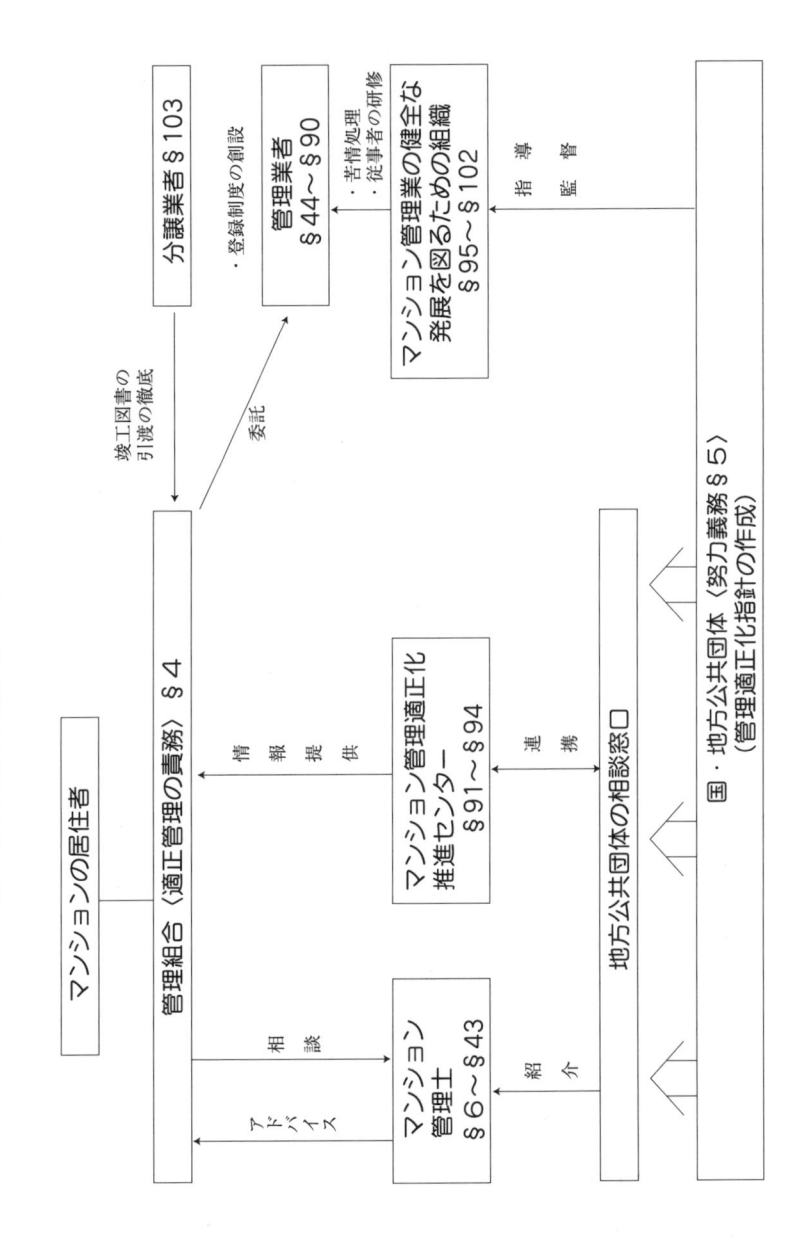

マンション管理適正化法のポイント

```
                                                       分譲業者 §103
                                                           │
                                           ・登録制度の創設  │
                                                           ▼
                                  竣工図書の          管理業者
                                  引渡の徹底          §44～§90
                                                     ▲  ▲
                                              委託   │  │ ・苦情処理
                                                    │  │ ・従事者の研修
                                                    │  │
                                                    │  マンション管理業の健全な
                                                    │  発展を図るための組織
                                                    │  §95～§102
                                                    │         ▲
                                                    │         │ 指導
                                                    │         │ 監督
 マンションの居住者                                  │         │
       │                                            │         │
       │                                            │         │
  管理組合〈適正管理の責務〉§4 ◄──情報提供──        │         │
       ▲                          │                 │         │
       │                    マンション管理適正化    │         │
       │                    推進センター           連携        │
       │                    §91～§94 ◄─────────            │
       │                                                     │
       │                    地方公共団体の相談窓口           │
       │                          ▲  ▲  ▲                   │
       │ 相談        紹介         │  │  │                   │
       │ アドバイス               国・地方公共団体〈努力義務§5〉
       ▼                         （管理適正化指針の作成）
  マンション
  管理士
  §6～§43
```

第1章 マンションの管理の適正化の推進に関する法律の概要　11

マンション管理適正化法概要

【その１】マンション管理士について

マンションストック戸数（推計）

平成11年末現在　　　368.7万戸（約１千万人）

・・・・・・・・・マンション居住者・管理組合・・・・・・・・・

住まい方の理解不足（区分所有法を知っているのは約１割）

管理組合活動の停滞（組合総会の参加者は約４割）

長期修繕計画の未整備（計画のない管理組合は約２割）

外壁の修繕がしたい！　ペット問題はどうしよう？　管理組合ってどう運営するの？

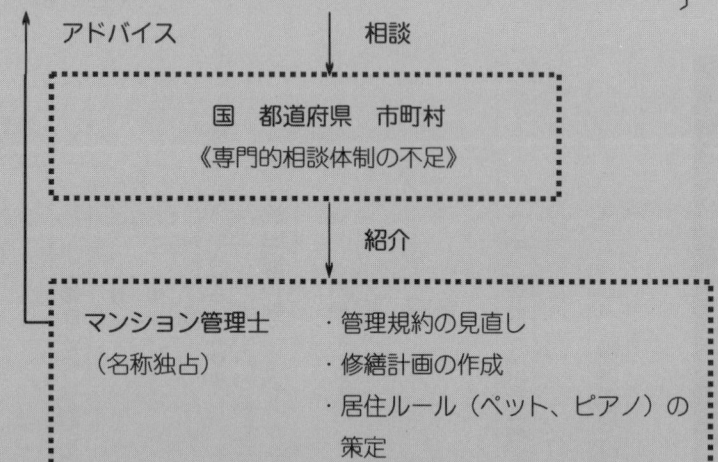

アドバイス　　　相談

国　都道府県　市町村

《専門的相談体制の不足》

紹介

マンション管理士
（名称独占）

・管理規約の見直し
・修繕計画の作成
・居住ルール（ペット、ピアノ）の策定

国家資格の必要性（法律で措置すべき事項）

・名称使用制限（§43）

　　安かろう悪かろう的管理を勧めるマンション管理士の排除

・講習受講義務（§41）

　　マンションの居住形態の多様化に対応

・信用失墜行為の禁止（§40）

　　不当な報酬を請求する者を排除

【その2】マンション管理業の登録制度の創設について

登録管理業者数（現行建設省告示に基づく任意の登録）
平成11年度末現在　535業者（ストック戸数の約80％を管理）

マンション管理業の現状
- 管理委託契約締結に際しての管理組合の関心事項の説明不足
- 修繕積立金等についての管理業者名義の存在（約15％）
- 未登録業者に対し業務規制が及ばない（未登録管理業者による管理はストック戸数の約1〜2割）

管理組合　｛ 管理費が高い！　安かろう悪かろうでは困る！
　　　　　　　修繕積立金を持ち逃げされないかな？
　　　　　　　仕事を頼んでも大丈夫？ ｝

管理業務委託契約締結

マンション管理業者　→　国土交通大臣に登録

（登録の義務づけ）

登録要件（不適格業者の排除）
- 管理業務主任者の設置
- 財産的基礎の有無（継続的・適切な業務執行の確保）

登録の効果（法律で措置すべき事項）
- 業務規制（§72,§73,§76）
　　　重要事項説明及び委託契約書面交付義務（サービス・費用等委託内容の確認が可能）
　　　修繕積立金等の分別管理（組合財産の保護が図れる）
- 情報開示（§79）
　　　管理実績、財務諸表等の公開
- 業者指導（§83）
　　　不適切な業者に対し、登録の取消しを行う

Ⅲ　マンションの管理の適正化の推進に関する法律制定の経緯

平成12年8月9日
　　臨時国会にマンション法（仮称）を自民党・公明党・保守党の3党による議員立法で提出することを合意

平成12年11月17日
　　「マンションの管理の適正化の推進に関する法律案」を国会に提出

平成12年11月28日
　　衆議院本会議において、賛成多数により原案可決

平成12年11月30日
　　参議院本会議において、見直し規定を盛り込んだ修正案を賛成多数により可決衆議院へ修正案を送付

平成12年12月1日
　　衆議院本会議において、修正案を賛成多数で可決・成立

平成12年12月8日
　　マンションの管理の適正化の推進に関する法律公布（法律第149号）

第2章 **Q&A**

（マンション管理適正化法総論）

Q1 マンション管理適正化法が立法された趣旨・目的について教えてください。

A

　土地利用の高度化の進展その他国民の住生活を取り巻く環境の変化に伴い、多数の区分所有者が居住するマンションの重要性が増大していることにかんがみ、マンション管理士の資格制度により、管理組合が、マンション管理に必要な専門的な知見を得て、修繕計画の立案、管理組合の適正な運営による駐車場・集会所の運営、積立金の確保等が可能となり、マンション管理業の登録制度の実施により、マンション管理業者に最低限必要とされるノウハウ・資質を担保しマンション管理の適正化をもたらす施策です。

　これらの施策により、マンションのストック水準の維持向上及び居住者の居住の安定、即ち、マンションにおける良好な居住環境の確保を図るものです。更には、地域住民の生活の向上や周辺の住環境、市街地環境の良好な維持等国民生活の安定向上と国民生活の健全な発展にもつながるものです（第1条）。

> **Q2**
> 本法律の対象となるマンションとは、具体的にどのようなものですか。例えば、賃貸マンションや公団住宅は含まれるのですか。また、マンションに附属する駐車場や集会所の取扱いはどうなるのですか。

A

1　本法律の対象となるマンションの考え方については、
　① 区分所有されている建物は、管理を行うに当たり、区分所有者間の合意を要し、一人の行為が他の居住者に影響を与える等管理の困難性、公共性が認められること
　② 分譲マンションは、既に1,000万人の国民が居住する等その重要性が増大しており、良好な居住環境を確保することが国民生活の安定向上を図るために重要な課題となっていること
　から、区分所有者が複数存し、かつ、住戸部分を含む建物を中心概念としてマンションを定義し、その敷地や附属施設等も含め、本法律の対象としています。

2　したがって、分譲された住戸を含むものであれば、小規模なものであっても、事務所や店舗が混在するものであっても、本法律の対象となりますが、賃貸マンションは、所有者が一人であることから、本法律でいうマンションには、該当しません。公団住宅については、賃貸のものでも、分譲されたものであれば本法律の対象となります。

3　また、駐車場や集会所については、マンションに附属するもの又は団地内でマンションの建物等の所有者の共有に属するものは、マンションに該当することとなります。

Q3
マンションの管理に関し、具体的にどのような問題が生じているのですか。

A

1 マンションの管理に関しては、居住者の住まい方に関する理解不足、適正な修繕計画の未策定等のため、
  ① 管理組合の運営に関するトラブル（管理費の滞納、議決権の設定、修繕計画の不調等）
  ② 建物の不具合に関するトラブル（雨漏り、水漏れ、外壁落下、専有部分のリフォーム等）
  ③ 居住者間の行為、マナーに関するトラブル（駐車場問題、ペット問題、音に関する問題、バルコニーの使用方法等）
が発生しています。
2 またマンション管理業者に関するトラブルとしては、
  ① 修繕積立金等の預金口座を巡るトラブル（修繕積立金について管理業者名義の存在15％）
  ② 委託契約内容の説明不足に伴うトラブル（業者から十分な説明を受けていないため、契約解除に制限が設けられている等管理組合に不利な契約内容となっているものがある。）
  ③ 契約書面交付を巡るトラブル（業者が書面契約に応じない。）
等が発生しています。

Q4 マンションは個人の私有財産であり、その管理は所有者の自己責任に基づき行われるべきものだと思いますが、本法律を制定し、行政がマンションの管理に積極的に関与する理由はなんですか。

A

1　マンションは、既に約1,000万人の国民が居住し、今後も大量の供給が見込まれる等、国民の主要な居住形態の一つとしてその重要性が増大していることから、マンションの管理の適正化を図り、良好な居住環境を確保することは、国民生活の安定向上のために重要な課題となっています。
2　これに対し、マンションの管理については、
　① 区分所有者間の合意を要し、一人の行為が他の居住者に影響を与える等管理の困難性、公共性が認められること
　② 区分所有法等の関係法令や建物構造等に関する法律・技術上の専門的知識が必要となること
から、区分所有者の自己責任のみに委ねたままだと、必ずしも適正な管理が期待できない現状にあります。
3　また、マンションの管理が適正に行われない状況を放置すると、マンション居住者の生活の安定を損なうのみならず、マンションを含めた地域の住環境にも支障をきたすこととなります。
4　こうしたことから、マンションの管理の適正化を推進し、マンションにおける良好な居住環境の確保を図る必要があると考えています。

Q5 この法律では、マンションとはどのようなものをさすのですか。

A

本法律においてマンションは次のように定義されています。
イ 二以上の区分所有者が存する建物で人の居住の用に供する専有部分のあるもの並びにその敷地及び附属施設
ロ 一団地内の土地又は附属施設が当該団地内にあるイに掲げる建物を含む数棟の建物の所有者の共有に属する場合における当該土地及び附属施設

イにおいて「二以上の区分所有者が存する」と規定したのは、賃貸マンションの場合に賃貸人が建物の各部分を区分して所有することも考えられるがこのような事例についてまで、本法の対象とする必要性はないと考えられたためです。

また「人の居住の用に供する専有部分のあるもの」であるから、全戸が事務所として使用されている場合は本法律上マンションには含まれません。

ロは、団地のようにイに掲げる建物を含む数棟の建物の所有者の共有する土地及び附属施設がある場合には、当該土地及び附属施設もマンションに含まれることを意味しています。

この場合、団地内の戸建て住宅は、マンションの定義には含まれません（以上第2条）。

Q6 国土交通大臣がマンション管理適正化指針を定めるのはなぜですか。

A

1 マンション管理適正化指針は、管理組合の運営、長期修繕計画、管理規約その他管理組合によるマンションの管理についてその在り方を定めるものです。

2 マンションの管理に関しては、国において全国的に一定の水準の施策を実施するための制度的枠組みを作ることが必要であると考えられることから、国土交通大臣が指針を定めることとされました（第3条）。

3 管理組合には、この指針の定めるところに留意して、マンションを適正に管理する努力義務が課されており、国土交通大臣は、マンションの管理が適切に行われるよう、この指針を公表し、その周知徹底を図ることとなります（第4条）。

Q7 管理組合、区分所有者の役割とはどのようなものですか。

A

　マンションは、私有財産ですがその適正な管理を確保するには、管理組合の円滑な合意形成や各区分所有者のマンションの住まい方に対する自覚が不可欠です。その観点から、本法律では、管理組合等の努力義務規定がおかれています。

　管理組合は、良好な居住環境の確保を図るため、マンション管理適正化指針の定めるところに留意してマンションの適正な管理に努めることとし、区分所有者は、管理組合の一員としてその役割を適切に果たすよう努めることとされました（第4条）。

Q8 マンションの管理の適正化を推進するに当たり、国と地方公共団体の役割分担はどのようになるのですか。

A

1　マンションは、そのストックの老朽化が今後急速に進展すると見込まれ、大規模修繕の円滑な実施その他マンションの管理の適正化は、全国的に、かつ、速やかに取り組むべき課題ですが、まだ行政の取組みは遅れています。

2　また、マンションは大都市圏に偏在しており、自治体によって専門的知見の蓄積や体制の整備に違いがあります。

3　本法律においては、こうした中で全国的な施策の水準の底上げを図るべく、国が、マンション管理適正化指針の策定、マンション管理士の資格制度、マンション管理業者の登録制度、マンション管理適正化推進センターの指定その他のマンション管理の適正化の推進のための全国統一的な制度的枠組みをつくり、維持することとされています。

4　これに対して、地方公共団体においては、これらの制度的な枠組みを活用し、マンションの管理組合等に対する情報、資料の提供、マンション管理士の紹介等により、それぞれの地域においてマンションの管理の適正化の推進のための具体的な取組みを行うことを期待しています（第5条）。

Q9
法第5条の国及び地方公共団体の措置とはどのようなことですか。

A

　本法律では、国及び地方公共団体が、管理組合の管理者等又は区分所有者の求めに応じ、必要な情報及び資料の提供その他の措置を講ずるよう規定されています（第5条）。

　本条の対象となる措置とは、国や地方公共団体が有する技術的知見や各種データの提供や、技術的な指導や財政上の支援などの幅広い措置を想定しています。

Q10
本法律では、マンションの適正な管理を推進するためにどのような措置を講じるのですか。

A

本法律ではマンションの適正な管理を推進するため以下の措置を講じることとされています。

1　マンション管理士の資格制度を創設し、マンションの居住者等がマンション管理士を活用しやすい環境を整備する（第30条）。
2　マンションの管理業者に登録を義務付け、管理業者に最低限必要とされるノウハウ・資質を担保し、管理業の健全な発展を促進する（第44条）。
3　マンション管理適正化指針にのっとった適正な管理を努力義務として管理組合に義務付け、区分所有者が管理組合の一員としての役割を果たすことを努力義務とすることによりマンションの居住者の自覚を促す（第4条）。
4　国及び地方公共団体による管理組合又は区分所有者の支援措置に関する努力義務を規定する（第5条）。
5　マンションの管理業者の業務の改善向上を図ることを目的とした管理業者の団体を指定する（第95条）。
6　管理組合によるマンションの自主的かつ適正な管理の推進を図ることを目的としたマンション管理適正化推進センターを指定する（第91条）。

（マンション管理士関係）

Q11 マンションの管理士はなぜ必要なのですか。

A

マンションの管理については、
① 区分所有法を知っている者が少ない（約1割）
② 管理組合の総会への参加者が少ない（約4割）
③ 管理規約の適正化を必要とする

一方で専門的相談体制の不足等の現状のため、マンションの良好な居住環境の確保が今後ますます困難になると考えられます。

このため、大都市の地方公共団体からの要望も踏まえ、マンション管理の適正化を促進するため、管理組合等からの相談に応じ、助言、指導等ができるマンション管理士の資格が創設されました。

Q12

マンション管理士とは、どのような資格ですか。具体的に、どのような場合に、誰からどのような相談を受け、どのような指導、助言を行うことを想定しているのですか。

A

1　マンション管理士とは、マンションに関する法律・技術上の専門的知識を持って、マンションの管理に関し、管理組合の管理者等や区分所有者等からの相談を受けて、助言、指導等を行うことを業とする者です（第2条）。

2　具体的には、マンション管理士は、
・居住ルールや管理組合の運営を巡るトラブル等が発生した場合
・十分に機能していない管理組合の活性化を図ろうとする場合
・区分所有者の要望に応え、規約やルールを見直そうとする場合
・長期修繕計画や修繕積立金等について企画、見直し等をしようとする場合
等において、管理組合の理事長や区分所有者等からの相談に応じて、管理規約や居住ルールの策定、長期修繕計画の策定、管理組合の運営方法等に関し、専門的観点から適切なアドバイスを行うことが期待されています。

3　なお、マンション管理士の活用方策としては、都道府県を中心に設置される相談窓口や本法律に基づき指定されるセンターを通じて、マンションの管理に関し助言、指導を必要とする管理組合等に対し、マンション管理士の紹介等を行うことが考えられています。

Q13 マンション管理士の資格はなぜ必要なのですか。

A

1 マンションの管理に関しては、
   ① 管理組合の運営に関するトラブル（管理費の滞納、議決権の設定、修繕計画の不調等）
   ② 建物の不具合に関するトラブル（雨漏り、水漏れ、外壁落下、専有部分のリフォーム等）
   ③ 居住者間の行為、マナーに関するトラブル（駐車場問題、ペット問題、音に関する問題、バルコニーの使用方法等）
   が発生しています。
2 これらの問題を管理組合又は区分所有者のみで解決することは、法律・技術上の専門的知識を十分に有しないことが多いこと、多数の区分所有者等の利害を調整する必要があること等から、大きな困難を伴います。このため、専門的な相談体制の充実・強化が求められ、東京都や全国の政令指定都市等からも、管理組合等からの相談に応じられる公的資格者の制度化が強く要請されていました。
3 また、「マンション管理士」と称して、安かろう悪かろう的な管理を勧め、管理組合に損害を与える事例が多発していることもあります。
4 こうしたことから、一定の専門的知識を有している者を「マンション管理士」という名称独占を認め、区分所有者、管理者等からみて信用できるアドバイザーとして確保する必要がでてきました。
5 なお、マンション管理士は、必要最小限度の資格形態として、名称独占資格としているため、その名称を使用しない限り、その他の者がマンション管理について助言等を行うことまで規制するものではありません。

Q14

マンション管理士とマンション管理業主任者の関係はどうなっているのですか。マンション管理士は、マンション管理業者に対し意見を述べたり、業者と交渉したりすることもあるのですか。

A

1　マンション管理士は、専門的知識を持って、マンションの管理に関し、管理組合の管理者や区分所有者等からの相談を受けて、助言、指導等を行うことを業とする者です。したがって、マンション管理士は、基本的に、管理組合の立場に立って、管理組合の運営、規約、居住ルールの策定・見直し、長期修繕計画の策定・見直し等の管理組合内部の問題に関し、適切な助言、指導等を行うことが期待されています（第2条）。

2　これに対し、管理業務主任者は、マンション管理業者の社員として、管理委託契約の重要事項の説明から、受託した管理業務の処理状況のチェック及びその報告まで管理業務のうち枢要なマネジメント業務を担う者です。

3　したがって、両者の立場及び業務の内容は性質を異にするものであり、それ故、必要とされる知識についても、一部に共通する基礎的な分野があるものの、その範囲を異にしています。

4　マンション管理業者と管理組合との間においてトラブルが生じた場合には、管理組合等からの相談を受けて、マンション管理士が管理組合等に対し助言、指導等を行うことも考えられます。

Q15
マンション管理士の資格はどのような人が取得するのですか。

A

　マンション管理士は、マンション管理組合の適正な運営を確保するための資格であり、地方公共団体から紹介されることを考慮すると、①管理組合の役員の経験者、②管理業者でマンション管理に携わった者（区分所有管理士、管理業務主任者を含む。）、③民間非営利組織に属し、マンション管理に携わった者等で、一定の試験に合格した方が想定されます。

Q16 マンション管理士を登録制としているのはなぜですか。

A

(1) マンション管理士の資格については、その業務を適切に遂行するために必要な一定水準の知識を有すると認められる場合に、国がそのことを公証し、その公証を受けた者だけが、マンション管理士の名称を使用できるという名称独占資格であり、

(2) したがって、資格付与の方法としては、試験に合格した者であって、欠格事由に該当しない者であることを、公の機関が確認して、公簿に登録することで足りることから、国土交通省の備える名簿への登録により資格を付与することとするものです（第30条）。

Q17
マンション管理士について、講習が義務付けられているのはなぜですか。

A

1　マンションは、昭和30年代に本格的にその供給が始って以来40年余りの歳月が経過しており、今後急速にそのストックの老朽化が進行すると考えられます。また、建物の構造・建材の変化、修繕技術の進歩、法制度の改正、住民意識の変化等マンションをめぐる環境は、今後とも急速な変化が見込まれます。

2　マンション管理士は、こうした状況の変化に対応してマンションの管理に関する最新の知識をもって、管理組合等に対するアドバイザーとしての役割を果たすことを期待して設けられる資格であることから、マンション管理士がその役割を果たすためには、マンションの管理に関する最新の知識を定期的に補充することが求められます。

3　定期的な講習は、最新の知識を補充し、適正な管理を推進するための専門的な知識水準を維持するために不可欠のものと考えられるため、本法律においては、マンション管理士に対し、その受講を義務付けることとされました（以上第41条）。

Q18
どのような場合にマンション管理士の登録が取り消されるのですか。

A

次のような場合、マンション管理士の登録が取り消されます。
1 次のいずれかの項目に該当するに至った場合
   ① 成年被後見人又は被補佐人
   ② 禁錮以上の刑に処せられ、その執行を終わり、又は執行を受けることがなくなった日から2年を経過しない者
   ③ この法律の規定により罰金の刑に処せられ、その執行を終わり、又は執行を受けることがなくなった日から2年を経過しない者
   ④ マンション管理業務主任者の登録を取り消され、その取り消しの日から2年を経過しない者
   ⑤ マンション管理業者の登録を取り消され、その取り消しの日から2年を経過しない者（当該登録を取り消された者が法人である場合においては、当該取り消しの日前30日以内にその法人の役員であった者で当該取り消しの日から2年を経過しない者）（以上第30条）
2 虚偽又は不正な事実に基づいて登録を受けたとき

また以下の場合は、登録が取り消されるか又は期間を定めてマンション管理士の名称の使用の停止を命ぜられます。
   ① 信用失墜行為の禁止に違反
   ② 国土交通大臣又はその指定する者が国土交通省令で定めるところにより行う講習を受けなかった場合
   ③ 秘密保持義務違反（以上第33条第2項）

Q19 マンション管理士の義務にはどのようなものがありますか。

A

本法律でマンション管理士に課せられている義務は次のとおりです。
1 信用失墜行為の禁止
　マンション管理士は、マンション管理士の信用を傷つけるような行為をしてはなりません（第40条）。
2 講習
　① マンション管理士は、国土交通省令で定める期間ごとに、国土交通大臣又はその指定する者が国土交通省令で定めるところにより行う講習を受けなければなりません（第41条第1項）。
　② 前項の講習（国土交通大臣が行うものに限る。）を受けようとする者は、実費を勘案して政令で定める額の手数料を国に納付しなければなりません（第41条第2項）。
3 秘密保持義務
　マンション管理士は、正当な理由がなく、その業務に関して知り得た秘密を漏らしてはなりません。マンション管理士でなくなった後においても、同様となります（第42条）。

Q20

マンション管理士は名称独占資格と聞きましたが、業務独占資格でないのはなぜですか。

A

　マンション管理士は、マンション管理に関する助言指導等について一定の知識を有することが必要なため名称独占とされました。特に、管理組合に対して長期修繕計画の検討・適正化を進める業務は、区分所有者の重要な財産を取り扱うものであり、社会的に認知された一定水準の資格者が行うことによって、確実にマンション管理の適正化が図られるものです（第43条）。

　また資格を持たない者もマンション管理士と同様の業務ができるとしたのは、マンション管理に関し優秀なボランティアの方々に今後とも活躍していただくべきであると考えたためです。

　マンション管理に関する助言・指導は各種多様な形態があるため、有資格者だけが仕事を独占し、それ以外の者の仕事が無くなることはないと考えられます。

（マンション管理適正化推進センター）

Q21
マンション管理適正化推進センターとは、どのようなものですか。

A

　センターは、管理組合によるマンションの管理の適正化の推進に寄与することを目的として、管理組合の管理者等やマンション管理士に対する講習や、区分所有者等に対する啓発活動・広報活動等の業務を、国土交通大臣に代わって行うものです（第92条）。

　また、センターは、地方公共団体、マンション管理士と相俟って、管理組合、区分所有者を情報面、技術面から支援するために重要な役割を果たすものと考えられています。

　したがって、これらの業務の適正化・効率化を図るため、センターを法律上位置付け、法律で定める基準に適合する者を国土交通大臣が指定することとされています（第91条）。

Q22 技術的支援、苦情処理とは具体的にどのようなことですか。

A

　センターはその業務に管理組合に対する技術的支援や苦情処理のための指導及び助言を含んでいます。

　技術的支援の具体的内容は、マンション修繕積立金の算出やマンションの構造全般に関する相談等が考えられます（第92条第2号）。

　苦情処理のための指導及び助言の内容としては、ペット問題や騒音問題等のマンション住民間の管理に係わるトラブルや、管理費・修繕積立金の滞納等の管理組合と区分所有者間のトラブル等の処理のための指導及び助言が考えられます（第92条第4号）。

（マンション管理業関係）

Q23 マンション管理業の登録制度創設の趣旨はなんですか。

A

1　マンションは、既に約370万戸存在し、約1,000万人の国民が居住する等その重要性が増大していますが、マンションの管理組合の約85％がその管理を業者に委託されている現状にあります。
2　現在、建設大臣告示（中高層分譲住宅管理業者登録規定（昭和60年）に基づきマンション管理業者の任意の登録制度が設けられているところですが、任意の制度では、全業者数の半分程度の登録しかない上、法的強制力がないため、管理業者と管理組合との管理委託関係を巡り、
　① 修繕積立金等の預金口座を巡るトラブル（修繕積立金について管理業者名義の存在15％）
　② 委託契約内容の説明不足に伴うトラブル（業者から十分な説明を受けていないため、契約解除に制限が設けられている等管理組合に不利な契約内容となっているものがある。）
　③ 契約書面交付を巡るトラブル（業者が書面契約に応じない。）　等
が発生しています。
3　このため、すべてのマンション管理業者に対し登録を義務付け、
　① 契約を締結する前の区分所有者に対する重要事項説明
　② 契約内容を記載した書面の交付
　④ 修繕積立金の銀行口座を管理組合理事長名義にする等財産の分別管理
　⑤ 管理実績、財務諸表等の情報開示　等
の業務規制を課し、これに違反した者に対し、国土交通大臣が必要な監督措置を講ずることとしたものです。

Q24

マンション管理業について、どのような業務を行う場合には登録が必要であり、どのような業務であれば登録なしで営業できるのですか。

A

1 マンション管理業者とは、基幹事務（管理組合の会計の収入及び支出の調定事務、管理組合の出納事務及び専有部分を除くマンションの維持又は修繕に関する企画又は実施の調整に関する事務）を含むマンションの管理事務を業として行う者をいいます（第2条第6号、第7号）。

　この基幹事務は、

① マンション管理の基幹的なマネジメント業務であり、これを委託することは、管理組合にとってマンションの管理の包括的な委任となること

② 各区分所有者から徴収する修繕積立金等の金銭を取り扱うほか、修繕計画の策定、実施はマンションの資産価値にも影響を及ぼすため、財産保護の観点から業務の適正な遂行が求められること

③ 多数の区分所有者を相手とする業務を含み、会計、建物構造等に関する専門的な知識を要すること

から、これらを包括的に受託する業者については、一定の資質の確保を図り、管理組合、区分所有者の保護を図るため、登録を義務付け、受託契約の手続や業務に一定の規制を課すこととしているものです。

2 このため、単に管理人を置き、破損箇所の修繕や保守点検、清掃等の調整のみを行うような場合には、マンション管理業の定義に該当しないこととなります。

　なお、警備業務はマンションの管理事務に該当しないこととなっています。

3 また、マンションの区分所有者が自分のマンションについて管理事務を行う場合については、法律上マンション管理業の定義から除いており、登録を要しないこととしています（第2条第7号）。

Q25
大部分がオフィスである区分所有建物を管理する場合も、マンション管理業の登録をする必要があるのですか。

A

1 本法においてマンションの適正な管理を推進し良好な居住環境の確保を図るため、一つでも人の居住の用に供する専有部分がある区分所有建物の管理受託を行う場合は、全てマンション管理業の登録を受ける必要があるとしています。

2 大部分がオフィスである建物については、建物の所有者が一人者である場合や維持、修繕のみを外部に委託しているケースが多いですが、こうした場合は本法の管理組合から委託を受けて①会計の収入及び支出の調定、②出納、③マンション（専有部分を除く。）の維持又は修繕に関する企画又は実施の調整を行うことを業とするものに該当しないことから、本法の適用はないと考えます。

　また、大部分がオフィスであるもので、人の居住の用に供する独立部分が国土交通省令で定める数以下であるマンションに限り管理事務を行う事務所では管理業務主任者の設置を要しないこととしています。

Q26 マンション管理業の登録要件等について教えてください。

A

1　マンション管理業を営もうとする者は、国土交通大臣の登録を受けなければなりません。この登録の有効期間は5年です。
　　また、引き続きマンション管理業を営もうとする者は更新の登録を受けなければなりません（以上第44条）。
2　登録の要件としては、
　①　事務所について管理業務主任者を設置していること
　②　マンション管理業を遂行するために必要と認められる財産的基礎（この基準は国土交通省令で定めることとなっている。）を有する者
のほか、成年被後見人若しくは被保佐人又は破産者で復権を得ないものでない等一定の欠格要件に該当しないこととなっています（第47条）。

Q27 管理業務主任者の役割及び業務内容について教えてください。

A

1 管理業務主任者は、国土交通大臣が行う試験によって設けられる国家資格者で、マンション管理業者に設置される者です（第56条）。
2 管理業務主任者は、管理の前提となる管理受託内容の重要事項の説明から、受託した管理業務の処理状況のチェック及びその報告までマンション管理の枢要なマネジメント業務を担うこととなります。
3 このため、こうした事務の遂行に必要な知識・ノウハウについて、国土交通大臣が試験を実施し、管理業務主任者証の交付を行うものであり、事務所ごとに国土交通省令で定める人数の設置が義務付けられることとなります。
4 管理業務主任者の業務としては、
　① 管理委託契約の内容及びその履行に関する重要事項について、区分所有者等に対し説明会において説明すること（第72条）
　② 重要事項を記載した書面及び契約成立時の書面に対する記名押印（第73条第2項）
　③ 管理組合に対する管理事務の報告（第77条）
が規定されています。

Q28
事務所ごとに定める管理業務主任者の数について教えてください。

A

　管理業務主任者は、管理の前提となる管理受託内容の重要事項の説明から、受託した管理業務の処理状況のチェック及びその報告までマンション管理の枢要なマネジメント業務を担うものです。

　事務所ごとに定める管理業務主任者の数は、国土交通省令において定められることとなっていますが、管理業務主任者が責任をもって管理できる管理組合数、管理戸数等を勘案して定めることとなります（第56条）。

Q29
管理業務主任者の登録の要件について教えてください。

A

　管理業務主任者の登録は、管理業務主任者の試験に合格した者で、管理事務に関し国土交通省令で定める期間以上の実務の経験を有するもの又は国土交通大臣がその実務の経験を有するものと同等以上の能力を有すると認めたもので、一定の欠格要件に該当しなければ、受けることができることとされています（第59条）。

Q30
マンション管理業者として登録していても、管理業務主任者を設置しなくてもよいのはどのような場合ですか。

A

1　管理業務主任者の設置は、マンションの管理の適正化を図るため、マンション管理業者の一定の資質を確保し、その業務の適正な遂行を担保することを目的としており、管理業務主任者には、マンションの管理を適正に行うのに必要な知識が求められています。

2　住宅部分が少ないマンションについては、一般的に、区分所有者の数が少ない場合が多く、また、住宅の管理としての観点からも、住宅部分が多くその管理に当たり多数の区分所有者を相手とする必要があるマンションに比べ、管理業務が容易であるということができます。

3　これらを勘案すれば、住宅部分が一定数以下のマンションの管理事務のみをその業務とする事務所についてまで管理業務主任者の設置を求めることは、マンション管理業者に対する規制として過大になりすぎると考えられることから、その設置を求めないこととしています。

　この一定数については、国土交通省令で定められることとなります（以上第56条第1項但書き）。

4　なお、こうした事務所については、管理業務主任者の代わりに事務所の代表者等に重要事項説明等を行わせることとしています（第78条）。

Q31

マンション管理業者に義務付けられた重要事項説明とはなんですか。
また、マンション管理業者はどのようなことをしなければならないのですか。

A

1　マンションの管理業者と管理組合が締結する管理委託契約については、業者から十分な説明を受けていないため契約解除に制限が設けられている等管理組合に不利な契約内容となっているものがある等トラブルが数多く発生しています。

2　こうしたトラブルを未然に防止するためには、管理組合を構成する区分所有者等が管理委託契約の内容を事前に十分承知した上で契約を締結することが重要であり、このため、マンション管理業者に対し、契約締結前に説明会において重要事項説明を行うことを義務付けています。

3　重要事項とは、管理受託契約の内容及びその履行に関する事項であって国土交通省令で定めるものであり、マンション管理業者は説明会の1週間前までに、マンションの区分所有者等に当該重要事項等を記載した書面を交付しなければならないとされています。

4　説明会の開催については、マンションが各区分所有者の所有するものであり、管理に問題がある場合に最終的に損失を被るのは各区分所有者等であることから、マンション管理業者が各区分所有者等に対し契約内容について説明が必要なため、義務付けたものです（以上第72条）。

(参考)

契約の態様		書面交付及び説明の相手方	説明方法	備考
新規		区分所有者等及び管理者等（書面交付は、説明会の一週間前）	説明会	新規分譲で国土交通省令で定める期間内に委託契約が満了するものは除く。
更新	管理者等が置かれている場合	書面交付は、区分所有者等及び管理者等	管理者等に対し対面	
	管理者等が置かれていない場合	区分所有者等	—	

Q32

新築マンションについて、「一定期間に契約期間が満了する管理受託契約については、重要事項の事前説明を要しない」としている趣旨について教えてください。

A

1　マンションの新規分譲当初においては、区分所有者がバラバラと入居してくるのが通常であり、マンションの管理組合が実質的に機能していないため、重要事項の事前説明の手続を現実に進めようとするとさまざまな不都合が生じます。
2　一方、マンションの管理業務は、マンションの工事完了後直ちに必要となることから、新たに建設されたマンションの建設工事の完了の日から一定の期間（国土交通省令で定める期間）を経過するまでの間に契約期間が満了するものは重要事項説明がなくても管理委託契約を締結できる旨の規定を設けています。
3　しかしながら、この契約はあくまで短期間の暫定的な契約であり、管理業者がこの期間を超えて、管理委託契約を結ぼうとする場合や当該短期間の契約を更新しようとする場合には、管理業者はあらかじめ説明会を開催し、区分所有者等に対し重要事項説明をしなければならないとされています（以上第72条）。

Q33

マンション管理業者は、管理契約の成立時、だれに、どのような書面を交付しなければならないのですか。

A

1　マンション管理業者は、管理組合から管理事務の委託を受けることを内容とする契約を締結したときは、当該管理組合の管理者等に対し、遅滞なく、下記に掲げる事項を記載した書面を交付しなければならないとされています。

　　また、当該マンション管理業者が当該管理組合の管理者等である場合又は当該管理組合に管理者等が置かれていない場合にあっては、当該管理組合を構成するマンションの区分所有者全員に対し、遅滞なく、書面を交付しなければならないとされています。

＜書面に記載する事項＞
　一　管理事務の対象となるマンションの部分
　二　管理事務の内容及び実施方法
　三　管理事務に要する費用並びにその支払の時期及び方法
　四　管理事務の一部の再委託に関する定めがあるときは、その内容
　五　契約期間に関する事項
　六　契約の更新に関する定めがあるときは、その内容
　七　契約の解除に関する定めがあるときは、その内容
　八　その他国土交通省令で定める事項

（以上第73条）

Q34
管理事務のうち基幹事務の一括再委託を禁止する理由はなんですか。

A

1 マンションの管理事務のうち、会計事務、出納事務及び維持修繕の企画、調整は、マンション管理の基幹的なマネジメント業務であることから、これらを包括的に受託する業者については、登録を義務付け、受託契約の手続や業務に一定の規制を課すこととしています。

2 こうした本法律の趣旨から、これらの基幹的な管理業務については、それを受託した業者が自らの責任と業務執行体制の下で処理すべきであり、脱法的な行為により当該目的が損なわれることのないよう、これらの基幹的な管理業務について、これを一括して他人に委託してはならない旨の規定を設けたものです。

3 この規定は、管理業者以外のすべての者に、契約を分割したり、あるいは他人の名義を用いるなどのことが行われていても、その実態が一括再委託に該当するものは一切禁止するという趣旨です（以上第74条）。

Q35

マンション管理業者に財産の分別管理を義務付けている趣旨について教えてください。これによってマンション管理組合の修繕積立金等が保護されるのですか。

A

1 マンションの管理業者に管理を委託している修繕積立金等については、その預金口座名義が管理業者のものとなっていたため、当該管理業者が倒産した際、銀行に差し押さえられてしまったという事例が発生しています。

2 こうしたトラブルの発生を防ぐためには、管理組合の修繕積立金等について、マンション管理業者の自己の財産と分別して管理させることが重要であり、こうした趣旨から、従来より、修繕積立金等の保管に当たっては、その預金口座名義を管理業者名義ではなく、管理組合理事長名義とするよう関係業界団体に対する指導がなされてきたところです。

3 しかしながら、依然として修繕積立金等について管理業者名義の口座に保管し、分別管理が徹底されていない事例が多数見受けられることから、この趣旨の徹底を図るため本規定が設けられたものです。

4 具体的には、国土交通省令において、修繕積立金等について管理組合理事長名義の口座に保管する等分別管理を徹底するため必要な措置を定めることとなります（以上第76条）。

Q36
マンション管理業者の情報開示については、具体的に、どのような措置が講じられることとなるのですか。

A

1　マンション管理業者の情報開示については、本法律の規定により、
　① 国土交通大臣がマンション管理業者登録簿等を一般の閲覧に供すること（第49条）
　② マンション管理業者が業務及び財産の状況を記載した書類を事務所ごとに備え置き、その業務に係る関係者の求めに応じ、閲覧させること（第79条）
　によりその確保が図られることとなります。
2　さらに、関係業界がマンション管理業者の事務所に備え付けられた業務及び財産の状況に関する情報について、インターネットにより提供する仕組みを構築し、管理組合及び区分所有者にとってより利便性が向上することが期待されます。

Q37
管理組合に対しなされる業務報告とはどのようなものですか。

A

1　マンション管理業者は、管理事務を受けた管理組合に管理者等が置かれているときは、国土交通省令で定めるところにより、定期に、当該管理者等に対し管理業務主任者をして管理事務に関する報告をさせなければならないとされています。

2　この業務報告は、管理委託契約に基づく管理業務が適切になされているか否かを確認するために行われるものであり、具体的には、国土交通省令において定められることとなりますが、会計業務、出納業務、修繕・維持の企画・実施調整業務等の処理状況の報告が想定されます（以上第77条）。

(その他)

Q38
この法律で指定されるマンション管理業者の団体はどのようなものですか。

A

1　マンション管理の適正化を図るためには、マンション管理業者に業務規制を課すことはもとより、マンション管理業の健全な発展を図ることが重要です。
2　そこで、マンション管理業者を社員とする社団法人を、
　① 社員の営む業務に関し、社員に対しこの法律又はこの法律に基づく命令を遵守させるための指導、勧告その他の業務を行うこと
　② 社員の営む業務に関する管理組合等からの苦情の解決を行うこと
　③ 管理業務主任者その他マンション管理業の業務に従事し、又は従事しようとする者に対し、研修を行うこと
　等の業務を行う団体として指定することとしています。
　また、この法人は、管理組合から預託された管理費について保証業務を行うことができるとされています。
3　業界の自主的な組織であるマンション管理業者の団体を法律上位置付けることとしたのは、これらの業務がマンションの管理の適正化について果たす役割の重要性に鑑み、これらの業務を公的な監督の下で適正かつ確実に実施させる必要があると判断したためです。
4　上述の業務のうち特に苦情の解決については、公益的な観点から解決を図るため、申出人に対する必要な助言、苦情に係る事情の調査等適正な手続を明確化する必要があり、当該指定法人の業務として所要の規定を設けたところです。
　これにより業界自身の努力により自主的な紛争解決が図られるものと期待されます（以上第95条）。

Q39

マンション分譲業者に、マンションの設計に関する図書の引渡しを義務付けた趣旨について教えてください。

A

1　マンションの管理を適正に行っていくためには、マンションの維持・修繕に係る計画を作成し、計画的に修繕を実施することが必要です。
2　しかしながら、現実には、マンションの維持修繕の計画実施に必要な設計図書が交付されていない、設計図書が誰に交付されたかわからない等といった理由から、マンションの構造等の把握のために設計図書を利用できず、維持・修繕が計画的に実施できないという事例が見られます。
3　このため、本法律では分譲業者に関する規定が設けられ、分譲業者は、マンション（新たに建設された建物で人の居住の用に供したことがないものに限る。）を分譲したときは速やかに、マンションの管理者等に対し、当該建物又はその附属施設の設計に関する図書を交付しなければならない旨の規定を設けたところです。
4　この設計図書の内容については、国土交通省令で定められることとなりますが、例えば建築設計図や機械設備設計図などが想定されます（以上第103条）。

Q40

現在マンションの管理業を営んでいる者は、本法律が施行された場合でも、円滑に業を継続することができるのですか。

A

1　現在マンション管理業を営んでいる者が、本法律が施行された場合でも、本法律の登録制度に基づき引き続き円滑に業を継続できるようにすることは極めて重要な課題であると考えています。

2　そこで、本法の施行の際現にマンション管理業を営んでいる者は、この法律の施行の日から9月間は、重要事項説明や財産の分別管理等の業務規制は課せられますが、登録を受けなくても、引き続きマンション管理業を営むことができるとしています。

　これにより、この期間に、現にマンション管理業を営んでいる者が国家資格者である管理業務主任者の設置等本法律に基づく所要の準備ができるようにしています（附則第4条）。

　また、国土交通省令で定めるところにより、マンションの管理に関し知識及び実務の経験を有すると認められる者で、この法律の施行の日から、9月を経過するまでに、国土交通大臣が指定する講習会の課程を修了したものは、管理業務主任者の試験に合格した者で管理事務に関し国土交通省令で定める期間以上の実務の経験を有するものとみなされます（附則第5条）。

第3章 参考資料

マンションの管理の適正化の推進に関する法律

[平成12年12月8日]
[法律第149号]

目次
　第1章　総則（第1条―第5条）
　第2章　マンション管理士
　　第1節　資格（第6条）
　　第2節　試験（第7条―第29条）
　　第3節　登録（第30条―第39条）
　　第4節　義務等（第40条―第43条）
　第3章　マンション管理業
　　第1節　登録（第44条―第55条）
　　第2節　管理業務主任者（第56条―第69条）
　　第3節　業務（第70条―第80条）
　　第4節　監督（第81条―第86条）
　　第5節　雑則（第87条―第90条）
　第4章　マンション管理適正化推進センター（第91条―第94条）
　第5章　マンション管理業者の団体（第95条―第102条）
　第6章　雑則（第103条―第105条）
　第7章　罰則（第106条―第113条）
　附則

　　　第1章　総則
　（目的）
第1条　この法律は、土地利用の高度化の進展その他国民の住生活を取り巻く環境の変化に伴い、多数の区分所有者が居住するマンションの重要性が増大していることにかんがみ、マンション管理士の資格を定め、マンション管理業者の登録制度を実施する等マンションの管理の適正化を推進するための措置を講ずることにより、マンションにおける良好な居住環境の確保を図り、もって国民生活の安定向上と国民経済の健全な発展に寄与することを目的とする。
　（定義）
第2条　この法律において、次の各号に掲げる用語の意義は、それぞれ当該各号の定めるところによる。
　一　マンション　次に掲げるものをいう。
　　イ　二以上の区分所有者（建物の区分所有等に関する法律（昭和37年法律第69号。以下「区分所有法」という。）第2条第2項に規定する区分所有者をいう。以下同じ。）

が存する建物で人の居住の用に供する専有部分（区分所有法第2条第3項に規定する専有部分をいう。以下同じ。）のあるもの並びにその敷地及び附属施設

　　ロ　一団地内の土地又は附属施設（これらに関する権利を含む。）が当該団地内にあるイに掲げる建物を含む数棟の建物の所有者（専有部分のある建物にあっては、区分所有者）の共有に属する場合における当該土地及び附属施設

二　マンションの区分所有者等　前号イに掲げる建物の区分所有者並びに同号ロに掲げる土地及び附属施設の同号ロの所有者をいう。

三　管理組合　マンションの管理を行う区分所有法第3条若しくは第65条に規定する団体又は区分所有法第47条第1項（区分所有法第66条において準用する場合を含む。）に規定する法人をいう。

四　管理者等　区分所有法第25条第1項（区分所有法第66条において準用する場合を含む。）の規定により選任された管理者又は区分所有法第49条第1項（区分所有法第66条において準用する場合を含む。）の規定により置かれた理事をいう。

五　マンション管理士　第30条第1項の登録を受け、マンション管理士の名称を用いて、専門的知識をもって、管理組合の運営その他マンションの管理に関し、管理組合の管理者等又はマンションの区分所有者等の相談に応じ、助言、指導その他の援助を行うことを業務（他の法律においてその業務を行うことが制限されているものを除く。）とする者をいう。

六　管理事務　マンションの管理に関する事務であって、基幹事務（管理組合の会計の収入及び支出の調定及び出納並びにマンション（専有部分を除く。）の維持又は修繕に関する企画又は実施の調整をいう。以下同じ。）を含むものをいう。

七　マンション管理業　管理組合から委託を受けて管理事務を行う行為で業として行うもの（マンションの区分所有者等が当該マンションについて行うものを除く。）をいう。

八　マンション管理業者　第44条の登録を受けてマンション管理業を営む者をいう。

九　管理業務主任者　第60条第1項に規定する管理業務主任者証の交付を受けた者をいう。

（マンション管理適正化指針）

第3条　国土交通大臣は、マンションの管理の適正化の推進を図るため、管理組合によるマンションの管理の適正化に関する指針（以下「マンション管理適正化指針」という。）を定め、これを公表するものとする。

（管理組合等の努力）

第4条　管理組合は、マンション管理適正化指針の定めるところに留意して、マンションを適正に管理するよう努めなければならない。

2　マンションの区分所有者等は、マンションの管理に関し、管理組合の一員としての役

割を適切に果たすよう努めなければならない。
　（国及び地方公共団体の措置）
第5条　国及び地方公共団体は、マンションの管理の適正化に資するため、管理組合又はマンションの区分所有者等の求めに応じ、必要な情報及び資料の提供その他の措置を講ずるよう努めなければならない。

第2章　マンション管理士
第1節　資格
第6条　マンション管理士試験（以下この章において「試験」という。）に合格した者は、マンション管理士となる資格を有する。

第2節　試験
（試験）
第7条　試験は、マンション管理士として必要な知識について行う。
2　国土交通省令で定める資格を有する者に対しては、国土交通省令で定めるところにより、試験の一部を免除することができる。
　（試験の実施）
第8条　試験は、毎年1回以上、国土交通大臣が行う。
　（試験の無効等）
第9条　国土交通大臣は、試験に関して不正の行為があった場合には、その不正行為に関係のある者に対しては、その受験を停止させ、又はその試験を無効とすることができる。
2　国土交通大臣は、前項の規定による処分を受けた者に対し、期間を定めて試験を受けることができないものとすることができる。
　（受験手数料）
第10条　試験を受けようとする者は、実費を勘案して政令で定める額の受験手数料を国に納付しなければならない。
2　前項の受験手数料は、これを納付した者が試験を受けない場合においても、返還しない。
　（指定試験機関の指定）
第11条　国土交通大臣は、国土交通省令で定めるところにより、その指定する者（以下この節において「指定試験機関」という。）に、試験の実施に関する事務（以下この節において「試験事務」という。）を行わせることができる。
2　指定試験機関の指定は、国土交通省令で定めるところにより、試験事務を行おうとする者の申請により行う。
3　国土交通大臣は、他に指定を受けた者がなく、かつ、前項の申請が次の要件を満たしていると認めるときでなければ、指定試験機関の指定をしてはならない。
一　職員、設備、試験事務の実施の方法その他の事項についての試験事務の実施に関す

る計画が、試験事務の適正かつ確実な実施のために適切なものであること。
　二　前号の試験事務の実施に関する計画の適正かつ確実な実施に必要な経理的及び技術的な基礎を有するものであること。
4　国土交通大臣は、第2項の申請をした者が次の各号のいずれかに該当するときは、指定試験機関の指定をしてはならない。
　一　民法（明治29年法律第89号）第34条の規定により設立された法人以外の者であること。
　二　その行う試験事務以外の業務により試験事務を公正に実施することができないおそれがあること。
　三　この法律の規定により刑に処せられ、その執行を終わり、又は執行を受けることがなくなった日から2年を経過しない者であること。
　四　第24条の規定により指定を取り消され、その取消しの日から2年を経過しない者であること。
　五　その役員のうちに、次のいずれかに該当する者があること。
　　イ　第3号に該当する者
　　ロ　第13条第2項の規定による命令により解任され、その解任の日から2年を経過しない者

（変更の届出）
第12条　指定試験機関は、その名称又は主たる事務所の所在地を変更しようとするときは、変更しようとする日の2週間前までに、その旨を国土交通大臣に届け出なければならない。

（指定試験機関の役員の選任及び解任）
第13条　試験事務に従事する指定試験機関の役員の選任及び解任は、国土交通大臣の認可を受けなければ、その効力を生じない。
2　国土交通大臣は、指定試験機関の役員が、この法律（この法律に基づく命令又は処分を含む。）若しくは第15条第1項に規定する試験事務規程に違反する行為をしたとき、又は試験事務に関し著しく不適当な行為をしたときは、指定試験機関に対し、当該役員の解任を命ずることができる。

（事業計画の認可等）
第14条　指定試験機関は、毎事業年度、事業計画及び収支予算を作成し、当該事業年度の開始前に（指定を受けた日の属する事業年度にあっては、その指定を受けた後遅滞なく）、国土交通大臣の認可を受けなければならない。これを変更しようとするときも、同様とする。
2　指定試験機関は、毎事業年度の経過後3月以内に、その事業年度の事業報告書及び収支決算書を作成し、国土交通大臣に提出しなければならない。

（試験事務規程）

第15条　指定試験機関は、試験事務の開始前に、試験事務の実施に関する規程（以下この節において「試験事務規程」という。）を定め、国土交通大臣の認可を受けなければならない。これを変更しようとするときも、同様とする。

2　試験事務規程で定めるべき事項は、国土交通省令で定める。

3　国土交通大臣は、第1項の認可をした試験事務規程が試験事務の適正かつ確実な実施上不適当となったと認めるときは、指定試験機関に対し、これを変更すべきことを命ずることができる。

（試験委員）

第16条　指定試験機関は、試験事務を行う場合において、マンション管理士として必要な知識を有するかどうかの判定に関する事務については、マンション管理士試験委員（以下この節において「試験委員」という。）に行わせなければならない。

2　指定試験機関は、試験委員を選任しようとするときは、国土交通省令で定める要件を備える者のうちから選任しなければならない。

3　指定試験機関は、試験委員を選任したときは、国土交通省令で定めるところにより、国土交通大臣にその旨を届け出なければならない。試験委員に変更があったときも、同様とする。

4　第13条第2項の規定は、試験委員の解任について準用する。

（規定の適用等）

第17条　指定試験機関が試験事務を行う場合における第9条第1項及び第10条第1項の規定の適用については、第9条第1項中「国土交通大臣」とあり、及び第10条第1項中「国」とあるのは「指定試験機関」とする。

2　前項の規定により読み替えて適用する第10条第1項の規定により指定試験機関に納付された受験手数料は、指定試験機関の収入とする。

（秘密保持義務等）

第18条　指定試験機関の役員若しくは職員（試験委員を含む。次項において同じ。）又はこれらの職にあった者は、試験事務に関して知り得た秘密を漏らしてはならない。

2　試験事務に従事する指定試験機関の役員又は職員は、刑法（明治40年法律第45号）その他の罰則の適用については、法令により公務に従事する職員とみなす。

（帳簿の備付け等）

第19条　指定試験機関は、国土交通省令で定めるところにより、試験事務に関する事項で国土交通省令で定めるものを記載した帳簿を備え、これを保存しなければならない。

（監督命令）

第20条　国土交通大臣は、試験事務の適正な実施を確保するため必要があると認めるときは、指定試験機関に対し、試験事務に関し監督上必要な命令をすることができる。

（報告）
第21条 国土交通大臣は、試験事務の適正な実施を確保するため必要があると認めるときは、その必要な限度で、指定試験機関に対し、報告をさせることができる。
（立入検査）
第22条 国土交通大臣は、試験事務の適正な実施を確保するため必要があると認めるときは、その必要な限度で、その職員に、指定試験機関の事務所に立ち入り、指定試験機関の帳簿、書類その他必要な物件を検査させ、又は関係者に質問させることができる。
2　前項の規定により立入検査を行う職員は、その身分を示す証明書を携帯し、かつ、関係者の請求があるときは、これを提示しなければならない。
3　第1項に規定する権限は、犯罪捜査のために認められたものと解釈してはならない。
（試験事務の休廃止）
第23条 指定試験機関は、国土交通大臣の許可を受けなければ、試験事務の全部又は一部を休止し、又は廃止してはならない。
2　国土交通大臣は、指定試験機関の試験事務の全部又は一部の休止又は廃止により試験事務の適正かつ確実な実施が損なわれるおそれがないと認めるときでなければ、前項の規定による許可をしてはならない。
（指定の取消し等）
第24条 国土交通大臣は、指定試験機関が第11条第4項各号（第四号を除く。）のいずれかに該当するに至ったときは、その指定を取り消さなければならない。
2　国土交通大臣は、指定試験機関が次の各号のいずれかに該当するに至ったときは、その指定を取り消し、又は期間を定めて試験事務の全部若しくは一部の停止を命ずることができる。
　一　第11条第3項各号の要件を満たさなくなったと認められるとき。
　二　第13条第2項（第16条第4項において準用する場合を含む。）、第15条第3項又は第20条の規定による命令に違反したとき。
　三　第14条、第16条第1項から第3項まで、第19条又は前条第1項の規定に違反したとき。
　四　第15条第1項の認可を受けた試験事務規程によらないで試験事務を行ったとき。
　五　次条第1項の条件に違反したとき。
　六　試験事務に関し著しく不適当な行為をしたとき、又はその試験事務に従事する試験委員若しくは役員が試験事務に関し著しく不適当な行為をしたとき。
　七　偽りその他不正の手段により第11条第1項の規定による指定を受けたとき。
（指定等の条件）
第25条 第11条第1項、第13条第1項、第14条第1項、第15条第1項又は第23条第1項の規定による指定、認可又は許可には、条件を付し、及びこれを変更することができる。

2　前項の条件は、当該指定、認可又は許可に係る事項の確実な実施を図るため必要な最小限度のものに限り、かつ、当該指定、認可又は許可を受ける者に不当な義務を課することとなるものであってはならない。
（指定試験機関がした処分等に係る不服申立て）
第26条　指定試験機関が行う試験事務に係る処分又はその不作為について不服がある者は、国土交通大臣に対し、行政不服審査法（昭和37年法律第160号）による審査請求をすることができる。
（国土交通大臣による試験事務の実施等）
第27条　国土交通大臣は、指定試験機関の指定をしたときは、試験事務を行わないものとする。
2　国土交通大臣は、指定試験機関が第23条第1項の規定による許可を受けて試験事務の全部若しくは一部を休止したとき、第24条第2項の規定により指定試験機関に対し試験事務の全部若しくは一部の停止を命じたとき、又は指定試験機関が天災その他の事由により試験事務の全部若しくは一部を実施することが困難となった場合において必要があると認めるときは、試験事務の全部又は一部を自ら行うものとする。
（公示）
第28条　国土交通大臣は、次に掲げる場合には、その旨を官報に公示しなければならない。
一　第11条第1項の規定による指定をしたとき。
二　第12条の規定による届出があったとき。
三　第23条第1項の規定による許可をしたとき。
四　第24条の規定により指定を取り消し、又は試験事務の全部若しくは一部の停止を命じたとき。
五　前条第2項の規定により試験事務の全部若しくは一部を自ら行うこととするとき、又は自ら行っていた試験事務の全部若しくは一部を行わないこととするとき。
（国土交通省令への委任）
第29条　この節に定めるもののほか、試験、指定試験機関その他この節の規定の施行に関し必要な事項は、国土交通省令で定める。

第3節　登録

（登録）
第30条　マンション管理士となる資格を有する者は、国土交通大臣の登録を受けることができる。ただし、次の各号のいずれかに該当する者については、この限りでない。
一　成年被後見人又は被保佐人
二　禁錮以上の刑に処せられ、その執行を終わり、又は執行を受けることがなくなった日から2年を経過しない者
三　この法律の規定により罰金の刑に処せられ、その執行を終わり、又は執行を受ける

ことがなくなった日から2年を経過しない者
　四　第33条第1項第二号又は第2項の規定により登録を取り消され、その取消しの日から2年を経過しない者
　五　第65条第1項第二号から第四号まで又は同条第2項第二号若しくは第三号のいずれかに該当することにより第59条第1項の登録を取り消され、その取消しの日から2年を経過しない者
　六　第83条第二号又は第三号に該当することによりマンション管理業者の登録を取り消され、その取消しの日から2年を経過しない者（当該登録を取り消された者が法人である場合においては、当該取消しの日前30日以内にその法人の役員（業務を執行する社員、取締役又はこれらに準ずる者をいう。第3章において同じ。）であった者で当該取消しの日から2年を経過しないもの）
2　前項の登録は、国土交通大臣が、マンション管理士登録簿に、氏名、生年月日その他国土交通省令で定める事項を登載してするものとする。
　（マンション管理士登録証）
第31条　国土交通大臣は、マンション管理士の登録をしたときは、申請者に前条第2項に規定する事項を記載したマンション管理士登録証（以下「登録証」という。）を交付する。
　（登録事項の変更の届出等）
第32条　マンション管理士は、第30条第2項に規定する事項に変更があったときは、遅滞なく、その旨を国土交通大臣に届け出なければならない。
2　マンション管理士は、前項の規定による届出をするときは、当該届出に登録証を添えて提出し、その訂正を受けなければならない。
　（登録の取消し等）
第33条　国土交通大臣は、マンション管理士が次の各号のいずれかに該当するときは、その登録を取り消さなければならない。
　一　第30条第1項各号（第四号を除く。）のいずれかに該当するに至ったとき。
　二　偽りその他不正の手段により登録を受けたとき。
2　国土交通大臣は、マンション管理士が第40条、第41条第1項又は第42条の規定に違反したときは、その登録を取り消し、又は期間を定めてマンション管理士の名称の使用の停止を命ずることができる。
　（登録の消除）
第34条　国土交通大臣は、マンション管理士の登録がその効力を失ったときは、その登録を消除しなければならない。
　（登録免許税及び手数料）
第35条　マンション管理士の登録を受けようとする者は、登録免許税法（昭和42年法律第

35号）の定めるところにより登録免許税を国に納付しなければならない。
2　登録証の再交付又は訂正を受けようとする者は、実費を勘案して政令で定める額の手数料を国に納付しなければならない。
（指定登録機関の指定等）
第36条　国土交通大臣は、国土交通省令で定めるところにより、その指定する者（以下「指定登録機関」という。）に、マンション管理士の登録の実施に関する事務（以下「登録事務」という。）を行わせることができる。
2　指定登録機関の指定は、国土交通省令で定めるところにより、登録事務を行おうとする者の申請により行う。
第37条　指定登録機関が登録事務を行う場合における第30条、第31条、第32条第1項、第34条及び第35条第2項の規定の適用については、これらの規定中「国土交通大臣」とあり、及び「国」とあるのは、「指定登録機関」とする。
2　指定登録機関が登録を行う場合において、マンション管理士の登録を受けようとする者は、実費を勘案して政令で定める額の手数料を指定登録機関に納付しなければならない。
3　第1項の規定により読み替えて適用する第35条第2項及び前項の規定により指定登録機関に納付された手数料は、指定登録機関の収入とする。
（準用）
第38条　第11条第3項及び第4項、第12条から第15条まで並びに第18条から第28条までの規定は、指定登録機関について準用する。この場合において、これらの規定中「試験事務」とあるのは「登録事務」と、「試験事務規程」とあるのは「登録事務規程」と、第11条第3項中「前項」とあり、及び同条第4項各号列記以外の部分中「第2項」とあるのは「第36条第2項」と、第24条第2項第七号、第25条第1項及び第28条第一号中「第11条第1項」とあるのは「第36条第1項」と読み替えるものとする。
（国土交通省令への委任）
第39条　この節に定めるもののほか、マンション管理士の登録、指定登録機関その他この節の規定の施行に関し必要な事項は、国土交通省令で定める。

　　　　第4節　義務等

（信用失墜行為の禁止）
第40条　マンション管理士は、マンション管理士の信用を傷つけるような行為をしてはならない。
（講習）
第41条　マンション管理士は、国土交通省令で定める期間ごとに、国土交通大臣又はその指定する者が国土交通省令で定めるところにより行う講習を受けなければならない。
2　前項の講習（国土交通大臣が行うものに限る。）を受けようとする者は、実費を勘案

して政令で定める額の手数料を国に納付しなければならない。
　（秘密保持義務）
第42条　マンション管理士は、正当な理由がなく、その業務に関して知り得た秘密を漏らしてはならない。マンション管理士でなくなった後においても、同様とする。
　（名称の使用制限）
第43条　マンション管理士でない者は、マンション管理士又はこれに紛らわしい名称を使用してはならない。

　　　第3章　マンション管理業
　　　　第1節　登録

　（登録）
第44条　マンション管理業を営もうとする者は、国土交通省に備えるマンション管理業者登録簿に登録を受けなければならない。
2　マンション管理業者の登録の有効期間は、5年とする。
3　前項の有効期間の満了後引き続きマンション管理業を営もうとする者は、更新の登録を受けなければならない。
4　更新の登録の申請があった場合において、第2項の有効期間の満了の日までにその申請に対する処分がなされないときは、従前の登録は、同項の有効期間の満了後もその処分がなされるまでの間は、なお効力を有する。
5　前項の場合において、更新の登録がなされたときは、その登録の有効期間は、従前の登録の有効期間の満了の日の翌日から起算するものとする。
　（登録の申請）
第45条　前条第1項又は第3項の規定により登録を受けようとする者（以下「登録申請者」という。）は、国土交通大臣に次に掲げる事項を記載した登録申請書を提出しなければならない。
　一　商号、名称又は氏名及び住所
　二　事務所（本店、支店その他の国土交通省令で定めるものをいう。以下この章において同じ。）の名称及び所在地並びに当該事務所が第56条第1項ただし書に規定する事務所であるかどうかの別
　三　法人である場合においては、その役員の氏名
　四　未成年者である場合においては、その法定代理人の氏名及び住所
　五　第56条第1項の規定により第二号の事務所ごとに置かれる成年者である専任の管理業務主任者（同条第2項の規定によりその者とみなされる者を含む。）の氏名
2　前項の登録申請書には、登録申請者が第47条各号のいずれにも該当しない者であることを誓約する書面その他国土交通省令で定める書類を添付しなければならない。
　（登録の実施）

第46条　国土交通大臣は、前条の規定による書類の提出があったときは、次条の規定により登録を拒否する場合を除くほか、遅滞なく、次に掲げる事項をマンション管理業者登録簿に登録しなければならない。
　一　前条第1項各号に掲げる事項
　二　登録年月日及び登録番号
2　国土交通大臣は、前項の規定による登録をしたときは、遅滞なく、その旨を登録申請者に通知しなければならない。
　（登録の拒否）
第47条　国土交通大臣は、登録申請者が次の各号のいずれかに該当するとき、又は登録申請書若しくはその添付書類のうちに重要な事項について虚偽の記載があり、若しくは重要な事実の記載が欠けているときは、その登録を拒否しなければならない。
　一　成年被後見人若しくは被保佐人又は破産者で復権を得ないもの
　二　第83条の規定により登録を取り消され、その取消しの日から2年を経過しない者
　三　マンション管理業者で法人であるものが第83条の規定により登録を取り消された場合において、その取消しの日前30日以内にそのマンション管理業者の役員であった者でその取消しの日から2年を経過しないもの
　四　第82条の規定により業務の停止を命ぜられ、その停止の期間が経過しない者
　五　禁錮以上の刑に処せられ、その執行を終わり、又は執行を受けることがなくなった日から2年を経過しない者
　六　この法律の規定により罰金の刑に処せられ、その執行を終わり、又は執行を受けることがなくなった日から2年を経過しない者
　七　マンション管理業に関し成年者と同一の能力を有しない未成年者でその法定代理人が前各号のいずれかに該当するもの
　八　法人でその役員のうちに第一号から第六号までのいずれかに該当する者があるもの
　九　事務所について第56条に規定する要件を欠く者
　十　マンション管理業を遂行するために必要と認められる国土交通省令で定める基準に適合する財産的基礎を有しない者
　（登録事項の変更の届出）
第48条　マンション管理業者は、第45条第1項各号に掲げる事項に変更があったときは、その日から30日以内に、その旨を国土交通大臣に届け出なければならない。
2　国土交通大臣は、前項の規定による届出を受理したときは、当該届出に係る事項が前条第七号から第九号までのいずれかに該当する場合を除き、届出があった事項をマンション管理業者登録簿に登録しなければならない。
3　第45条第2項の規定は、第1項の規定による届出について準用する。
　（マンション管理業者登録簿等の閲覧）

第49条　国土交通大臣は、国土交通省令で定めるところにより、マンション管理業者登録簿その他国土交通省令で定める書類を一般の閲覧に供しなければならない。
　（廃業等の届出）
第50条　マンション管理業者が次の各号のいずれかに該当することとなった場合においては、当該各号に定める者は、その日（第一号の場合にあっては、その事実を知った日）から30日以内に、その旨を国土交通大臣に届け出なければならない。
一　死亡した場合　その相続人
二　法人が合併により消滅した場合　その法人を代表する役員であった者
三　破産した場合　その破産管財人
四　法人が合併及び破産以外の理由により解散した場合　その清算人
五　マンション管理業を廃止した場合　マンション管理業者であった個人又はマンション管理業者であった法人を代表する役員
2　マンション管理業者が前項各号のいずれかに該当するに至ったときは、マンション管理業者の登録は、その効力を失う。
　（登録の消除）
第51条　国土交通大臣は、マンション管理業者の登録がその効力を失ったときは、その登録を消除しなければならない。
　（登録免許税及び手数料）
第52条　第44条第1項の規定により登録を受けようとする者は、登録免許税法の定めるところにより登録免許税を、同条第3項の規定により更新の登録を受けようとする者は、実費を勘案して政令で定める額の手数料を、それぞれ国に納付しなければならない。
　（無登録営業の禁止）
第53条　マンション管理業者の登録を受けない者は、マンション管理業を営んではならない。
　（名義貸しの禁止）
第54条　マンション管理業者は、自己の名義をもって、他人にマンション管理業を営ませてはならない。
　（国土交通省令への委任）
第55条　この節に定めるもののほか、マンション管理業者の登録に関し必要な事項は、国土交通省令で定める。
　　　　第2節　管理業務主任者
　（管理業務主任者の設置）
第56条　マンション管理業者は、その事務所ごとに、事務所の規模を考慮して国土交通省令で定める数の成年者である専任の管理業務主任者を置かなければならない。ただし、人の居住の用に供する独立部分（区分所有法第1条に規定する建物の部分をいう。以下

同じ。）が国土交通省令で定める数以上である第2条第一号イに掲げる建物の区分所有者を構成員に含む管理組合から委託を受けて行う管理事務を、その業務としない事務所については、この限りでない。
2　前項の場合において、マンション管理業者（法人である場合においては、その役員）が管理業務主任者であるときは、その者が自ら主として業務に従事する事務所については、その者は、その事務所に置かれる成年者である専任の管理業務主任者とみなす。
3　マンション管理業者は、第1項の規定に抵触する事務所を開設してはならず、既存の事務所が同項の規定に抵触するに至ったときは、2週間以内に、同項の規定に適合させるため必要な措置をとらなければならない。
　（試験）
第57条　管理業務主任者試験（以下この節において「試験」という。）は、管理業務主任者として必要な知識について行う。
2　第7条第2項及び第8条から第10条までの規定は、試験について準用する。
　（指定試験機関の指定等）
第58条　国土交通大臣は、国土交通省令で定めるところにより、その指定する者（以下この節において「指定試験機関」という。）に、試験の実施に関する事務（以下この節において「試験事務」という。）を行わせることができる。
2　指定試験機関の指定は、国土交通省令で定めるところにより、試験事務を行おうとする者の申請により行う。
3　第11条第3項及び第4項並びに第12条から第28条までの規定は、指定試験機関について準用する。この場合において、第11条第3項中「前項」とあり、及び同条第4項各号列記以外の部分中「第2項」とあるのは「第58条第2項」と、第16条第1項中「マンション管理士として」とあるのは「管理業務主任者として」と、「マンション管理士試験委員」とあるのは「管理業務主任者試験委員」と、第24条第2項第七号、第25条第1項及び第28条第一号中「第11条第1項」とあるのは「第58条第1項」と読み替えるものとする。
　（登録）
第59条　試験に合格した者で、管理事務に関し国土交通省令で定める期間以上の実務の経験を有するもの又は国土交通大臣がその実務の経験を有するものと同等以上の能力を有すると認めたものは、国土交通大臣の登録を受けることができる。ただし、次の各号のいずれかに該当する者については、この限りでない。
　一　成年被後見人若しくは被保佐人又は破産者で復権を得ないもの
　二　禁錮以上の刑に処せられ、その執行を終わり、又は執行を受けることがなくなった日から2年を経過しない者
　三　この法律の規定により罰金の刑に処せられ、その執行を終わり、又は執行を受ける

ことがなくなった日から2年を経過しない者
　四　第33条第1項第二号又は第2項の規定によりマンション管理士の登録を取り消され、その取消しの日から2年を経過しない者
　五　第65条第1項第二号から第四号まで又は同条第2項第二号若しくは第三号のいずれかに該当することにより登録を取り消され、その取消しの日から2年を経過しない者
　六　第83条第二号又は第三号に該当することによりマンション管理業者の登録を取り消され、その取消しの日から2年を経過しない者（当該登録を取り消された者が法人である場合においては、当該取消しの日前30日以内にその法人の役員であった者で当該取消しの日から2年を経過しないもの）
2　前項の登録は、国土交通大臣が、管理業務主任者登録簿に、氏名、生年月日その他国土交通省令で定める事項を登載してするものとする。
（管理業務主任者証の交付等）
第60条　前条第1項の登録を受けている者は、国土交通大臣に対し、氏名、生年月日その他国土交通省令で定める事項を記載した管理業務主任者証の交付を申請することができる。
2　管理業務主任者証の交付を受けようとする者は、国土交通大臣又はその指定する者が国土交通省令で定めるところにより行う講習で交付の申請の日前6月以内に行われるものを受けなければならない。ただし、試験に合格した日から1年以内に管理業務主任者証の交付を受けようとする者については、この限りでない。
3　管理業務主任者証の有効期間は、5年とする。
4　管理業務主任者は、前条第1項の登録が消除されたとき、又は管理業務主任者証がその効力を失ったときは、速やかに、管理業務主任者証を国土交通大臣に返納しなければならない。
5　管理業務主任者は、第64条第2項の規定による禁止の処分を受けたときは、速やかに、管理業務主任者証を国土交通大臣に提出しなければならない。
6　国土交通大臣は、前項の禁止の期間が満了した場合において、同項の規定により管理業務主任者証を提出した者から返還の請求があったときは、直ちに、当該管理業務主任者証を返還しなければならない。
（管理業務主任者証の有効期間の更新）
第61条　管理業務主任者証の有効期間は、申請により更新する。
2　前条第2項本文の規定は管理業務主任者証の有効期間の更新を受けようとする者について、同条第3項の規定は更新後の管理業務主任者証の有効期間について準用する。
（登録事項の変更の届出等）
第62条　第59条第1項の登録を受けた者は、登録を受けた事項に変更があったときは、遅滞なく、その旨を国土交通大臣に届け出なければならない。

2　管理業務主任者は、前項の規定による届出をする場合において、管理業務主任者証の記載事項に変更があったときは、当該届出に管理業務主任者証を添えて提出し、その訂正を受けなければならない。

（管理業務主任者証の提示）

第63条　管理業務主任者は、その事務を行うに際し、マンションの区分所有者等その他の関係者から請求があったときは、管理業務主任者証を提示しなければならない。

（指示及び事務の禁止）

第64条　国土交通大臣は、管理業務主任者が次の各号のいずれかに該当するときは、当該管理業務主任者に対し、必要な指示をすることができる。

一　マンション管理業者に自己が専任の管理業務主任者として従事している事務所以外の事務所の専任の管理業務主任者である旨の表示をすることを許し、当該マンション管理業者がその旨の表示をしたとき。

二　他人に自己の名義の使用を許し、当該他人がその名義を使用して管理業務主任者である旨の表示をしたとき。

三　管理業務主任者として行う事務に関し、不正又は著しく不当な行為をしたとき。

2　国土交通大臣は、管理業務主任者が前項各号のいずれかに該当するとき、又は同項の規定による指示に従わないときは、当該管理業務主任者に対し、1年以内の期間を定めて、管理業務主任者としてすべき事務を行うことを禁止することができる。

（登録の取消し）

第65条　国土交通大臣は、管理業務主任者が次の各号のいずれかに該当するときは、その登録を取り消さなければならない。

一　第59条第1項各号（第五号を除く。）のいずれかに該当するに至ったとき。

二　偽りその他不正の手段により登録を受けたとき。

三　偽りその他不正の手段により管理業務主任者証の交付を受けたとき。

四　前条第1項各号のいずれかに該当し情状が特に重いとき、又は同条第2項の規定による事務の禁止の処分に違反したとき。

2　国土交通大臣は、第59条第1項の登録を受けている者で管理業務主任者証の交付を受けていないものが次の各号のいずれかに該当するときは、その登録を取り消さなければならない。

一　第59条第1項各号（第五号を除く。）のいずれかに該当するに至ったとき。

二　偽りその他不正の手段により登録を受けたとき。

三　管理業務主任者としてすべき事務を行った場合（第78条の規定により事務所を代表する者又はこれに準ずる地位にある者として行った場合を除く。）であって、情状が特に重いとき。

（登録の消除）

第66条　国土交通大臣は、第59条第１項の登録がその効力を失ったときは、その登録を消除しなければならない。
　　（報告）
第67条　国土交通大臣は、管理業務主任者の事務の適正な遂行を確保するため必要があると認めるときは、その必要な限度で、管理業務主任者に対し、報告をさせることができる。
　　（手数料）
第68条　第59条第１項の登録を受けようとする者、管理業務主任者証の交付、有効期間の更新、再交付又は訂正を受けようとする者及び第60条第２項本文（第61条第２項において準用する場合を含む。）の講習（国土交通大臣が行うものに限る。）を受けようとする者は、実費を勘案して政令で定める額の手数料を国に納付しなければならない。
　　（国土交通省令への委任）
第69条　この節に定めるもののほか、試験、指定試験機関、管理業務主任者の登録その他この節の規定の施行に関し必要な事項は、国土交通省令で定める。
　　　　第３節　業務
　　（業務処理の原則）
第70条　マンション管理業者は、信義を旨とし、誠実にその業務を行わなければならない。
　　（標識の掲示）
第71条　マンション管理業者は、その事務所ごとに、公衆の見やすい場所に、国土交通省令で定める標識を掲げなければならない。
　　（重要事項の説明等）
第72条　マンション管理業者は、管理組合から管理事務の委託を受けることを内容とする契約（新たに建設されたマンションの当該建設工事の完了の日から国土交通省令で定める期間を経過する日までの間に契約期間が満了するものを除く。以下「管理受託契約」という。）を締結しようとするとき（次項に規定するときを除く。）は、あらかじめ、国土交通省令で定めるところにより説明会を開催し、当該管理組合を構成するマンションの区分所有者等及び当該管理組合の管理者等に対し、管理業務主任者をして、管理受託契約の内容及びその履行に関する事項であって国土交通省令で定めるもの（以下「重要事項」という。）について説明をさせなければならない。この場合において、マンション管理業者は、当該説明会の日の１週間前までに、当該管理組合を構成するマンションの区分所有者等及び当該管理組合の管理者等の全員に対し、重要事項並びに説明会の日時及び場所を記載した書面を交付しなければならない。
２　マンション管理業者は、従前の管理受託契約と同一の条件で管理組合との管理受託契約を更新しようとするときは、あらかじめ、当該管理組合を構成するマンションの区分所有者等全員に対し、重要事項を記載した書面を交付しなければならない。

3　前項の場合において当該管理組合に管理者等が置かれているときは、マンション管理業者は、当該管理者等に対し、管理業務主任者をして、重要事項について、これを記載した書面を交付して説明をさせなければならない。
4　管理業務主任者は、第1項又は前項の説明をするときは、説明の相手方に対し、管理業務主任者証を提示しなければならない。
5　マンション管理業者は、第1項から第3項までの規定により交付すべき書面を作成するときは、管理業務主任者をして、当該書面に記名押印させなければならない。
　（契約の成立時の書面の交付）
第73条　マンション管理業者は、管理組合から管理事務の委託を受けることを内容とする契約を締結したときは、当該管理組合の管理者等（当該マンション管理業者が当該管理組合の管理者等である場合又は当該管理組合に管理者等が置かれてない場合にあっては、当該管理組合を構成するマンションの区分所有者等全員）に対し、遅滞なく、次に掲げる事項を記載した書面を交付しなければならない。
　一　管理事務の対象となるマンションの部分
　二　管理事務の内容及び実施方法（第76条の規定により管理する財産の管理の方法を含む。）
　三　管理事務に要する費用並びにその支払の時期及び方法
　四　管理事務の一部の再委託に関する定めがあるときは、その内容
　五　契約期間に関する事項
　六　契約の更新に関する定めがあるときは、その内容
　七　契約の解除に関する定めがあるときは、その内容
　八　その他国土交通省令で定める事項
2　マンション管理業者は、前項の規定により交付すべき書面を作成するときは、管理業務主任者をして、当該書面に記名押印させなければならない。
　（再委託の制限）
第74条　マンション管理業者は、管理組合から委託を受けた管理事務のうち基幹事務については、これを一括して他人に委託してはならない。
　（帳簿の作成等）
第75条　マンション管理業者は、管理組合から委託を受けた管理事務について、国土交通省令で定めるところにより、帳簿を作成し、これを保存しなければならない。
　（財産の分別管理）
第76条　マンション管理業者は、管理組合から委託を受けて管理する修繕積立金その他国土交通省令で定める財産については、整然と管理する方法として国土交通省令で定める方法により、自己の固有財産及び他の管理組合の財産と分別して管理しなければならない。

（管理事務の報告）

第77条 マンション管理業者は、管理事務の委託を受けた管理組合に管理者等が置かれているときは、国土交通省令で定めるところにより、定期に、当該管理者等に対し、管理業務主任者をして、当該管理事務に関する報告をさせなければならない。

2 マンション管理業者は、管理事務の委託を受けた管理組合に管理者等が置かれていないときは、国土交通省令で定めるところにより、定期に、説明会を開催し、当該管理組合を構成するマンションの区分所有者等に対し、管理業務主任者をして、当該管理事務に関する報告をさせなければならない。

3 管理業務主任者は、前二項の説明をするときは、説明の相手方に対し、管理業務主任者証を提示しなければならない。

（管理業務主任者としてすべき事務の特例）

第78条 マンション管理業者は、第56条第１項ただし書に規定する管理事務以外の管理事務については、管理業務主任者に代えて、当該事務所を代表する者又はこれに準ずる地位にある者をして、管理業務主任者としてすべき事務を行わせることができる。

（書類の閲覧）

第79条 マンション管理業者は、国土交通省令で定めるところにより、当該マンション管理業者の業務及び財産の状況を記載した書類をその事務所ごとに備え置き、その業務に係る関係者の求めに応じ、これを閲覧させなければならない。

（秘密保持義務）

第80条 マンション管理業者は、正当な理由がなく、その業務に関して知り得た秘密を漏らしてはならない。マンション管理業者でなくなった後においても、同様とする。

第4節　監督

（指示）

第81条 国土交通大臣は、マンション管理業者が次の各号のいずれかに該当するとき、又はこの法律の規定に違反したときは、当該マンション管理業者に対し、必要な指示をすることができる。

一　業務に関し、管理組合又はマンションの区分所有者等に損害を与えたとき、又は損害を与えるおそれが大であるとき。

二　業務に関し、その公正を害する行為をしたとき、又はその公正を害するおそれが大であるとき。

三　業務に関し他の法令に違反し、マンション管理業者として不適当であると認められるとき。

四　管理業務主任者が第64条又は第65条第１項の規定による処分を受けた場合において、マンション管理業者の責めに帰すべき理由があるとき。

（業務停止命令）

第82条　国土交通大臣は、マンション管理業者が次の各号のいずれかに該当するときは、当該マンション管理業者に対し、一年以内の期間を定めて、その業務の全部又は一部の停止を命ずることができる。
　一　前条第三号又は第四号に該当するとき。
　二　第48条第1項、第54条、第56条第3項、第71条、第72条第1項から第3項まで若しくは第5項、第73条から第76条まで、第77条第1項若しくは第2項、第79条、第80条又は第88条第1項の規定に違反したとき。
　三　前条の規定による指示に従わないとき。
　四　この法律の規定に基づく国土交通大臣の処分に違反したとき。
　五　マンション管理業に関し、不正又は著しく不当な行為をしたとき。
　六　営業に関し成年者と同一の能力を有しない未成年者である場合において、その法定代理人が業務の停止をしようとするとき以前2年以内にマンション管理業に関し不正又は著しく不当な行為をしたとき。
　七　法人である場合において、役員のうちに業務の停止をしようとするとき以前2年以内にマンション管理業に関し不正又は著しく不当な行為をした者があるに至ったとき。
（登録の取消し）
第83条　国土交通大臣は、マンション管理業者が次の各号のいずれかに該当するときは、その登録を取り消さなければならない。
　一　第47条第一号、第三号又は第五号から第八号までのいずれかに該当するに至ったとき。
　二　偽りその他不正の手段により登録を受けたとき。
　三　前条各号のいずれかに該当し情状が特に重いとき、又は同条の規定による業務の停止の命令に違反したとき。
（監督処分の公告）
第84条　国土交通大臣は、前二条の規定による処分をしたときは、国土交通省令で定めるところにより、その旨を公告しなければならない。
（報告）
第85条　国土交通大臣は、マンション管理業の適正な運営を確保するため必要があると認めるときは、その必要な限度で、マンション管理業を営む者に対し、報告をさせることができる。
（立入検査）
第86条　国土交通大臣は、マンション管理業の適正な運営を確保するため必要があると認めるときは、その必要な限度で、その職員に、マンション管理業を営む者の事務所その他その業務を行う場所に立ち入り、帳簿、書類その他必要な物件を検査させ、又は関係

者に質問させることができる。
2　前項の規定により立入検査を行う職員は、その身分を示す証明書を携帯し、かつ、関係者の請求があるときは、これを提示しなければならない。
3　第1項に規定する権限は、犯罪捜査のために認められたものと解釈してはならない。

第5節　雑則

（使用人等の秘密保持義務）

第87条　マンション管理業者の使用人その他の従業者は、正当な理由がなく、マンションの管理に関する事務を行ったことに関して知り得た秘密を漏らしてはならない。マンション管理業者の使用人その他の従業者でなくなった後においても、同様とする。

（証明書の携帯等）

第88条　マンション管理業者は、国土交通省令で定めるところにより、使用人その他の従業者に、その従業者であることを証する証明書を携帯させなければ、その者をその業務に従事させてはならない。
2　マンション管理業者の使用人その他の従業者は、マンションの管理に関する事務を行うに際し、マンションの区分所有者等その他の関係者から請求があったときは、前項の証明書を提示しなければならない。

（登録の失効に伴う業務の結了）

第89条　マンション管理業者の登録がその効力を失った場合には、当該マンション管理業者であった者又はその一般承継人は、当該マンション管理業者の管理組合からの委託に係る管理事務を結了する目的の範囲内においては、なおマンション管理業者とみなす。

（適用の除外）

第90条　この章の規定は、国及び地方公共団体には、適用しない。

第4章　マンション管理適正化推進センター

（指定）

第91条　国土交通大臣は、管理組合によるマンションの管理の適正化の推進に寄与することを目的として民法第34条の規定により設立された財団法人であって、次条に規定する業務（以下「管理適正化業務」という。）に関し次に掲げる基準に適合すると認められるものを、その申請により、全国に一を限って、マンション管理適正化推進センター（以下「センター」という。）として指定することができる。
　一　職員、管理適正化業務の実施の方法その他の事項についての管理適正化業務の実施に関する計画が、管理適正化業務の適正かつ確実な実施のために適切なものであること。
　二　前号の管理適正化業務の実施に関する計画の適正かつ確実な実施に必要な経理的及び技術的な基礎を有するものであること。

（業務）

第92条　センターは、次に掲げる業務を行うものとする。
一　マンションの管理に関する情報及び資料の収集及び整理をし、並びにこれらを管理組合の管理者等その他の関係者に対し提供すること。
二　マンションの管理の適正化に関し、管理組合の管理者等その他の関係者に対し技術的な支援を行うこと。
三　マンションの管理の適正化に関し、管理組合の管理者等その他の関係者に対し講習を行うこと。
四　マンションの管理に関する苦情の処理のために必要な指導及び助言を行うこと。
五　マンションの管理に関する調査及び研究を行うこと。
六　マンションの管理の適正化の推進に資する啓発活動及び広報活動を行うこと。
七　前各号に掲げるもののほか、マンションの管理の適正化の推進に資する業務を行うこと。

（センターへの情報提供等）
第93条　国土交通大臣は、センターに対し、管理適正化業務の実施に関し必要な情報及び資料の提供又は指導及び助言を行うものとする。

（準用）
第94条　第12条から第15条まで、第18条第1項、第19条から第23条まで、第24条第2項、第25条、第28条（第五号を除く。）及び第29条の規定は、センターについて準用する。この場合において、これらの規定中「試験事務」とあるのは「管理適正化業務」と、「試験事務規程」とあるのは「管理適正化業務規程」と、第12条中「名称又は主たる事務所」とあるのは「名称若しくは住所又は管理適正化業務を行う事務所」と、第13条第2項中「指定試験機関の役員」とあるのは「管理適正化業務に従事するセンターの役員」と、第14条第1項中「事業計画」とあるのは「管理適正化業務に係る事業計画」と、同条第2項中「事業報告書」とあるのは「管理適正化業務に係る事業報告書」と、第24条第2項第一号中「第11条第3項各号」とあるのは「第91条各号」と、同項第七号及び第25条第1項中「第11条第1項」とあるのは「第91条」と、第28条中「その旨」とあるのは「その旨（第一号の場合にあっては、管理適正化業務を行う事務所の所在地を含む。）」と、同条第一号中「第11条第1項」とあるのは「第91条」と読み替えるものとする。

第5章　マンション管理業者の団体

（指定）
第95条　国土交通大臣は、マンション管理業者の業務の改善向上を図ることを目的とし、かつ、マンション管理業者を社員とする民法第34条の規定により設立された社団法人であって、次項に規定する業務を適正かつ確実に行うことができると認められるものを、その申請により、同項に規定する業務を行う者として指定することができる。
2　前項の指定を受けた法人（以下「指定法人」という。）は、次に掲げる業務を行うも

のとする。
　一　社員の営む業務に関し、社員に対し、この法律又はこの法律に基づく命令を遵守させるための指導、勧告その他の業務を行うこと。
　二　社員の営む業務に関する管理組合等からの苦情の解決を行うこと。
　三　管理業務主任者その他マンション管理業の業務に従事し、又は従事しようとする者に対し、研修を行うこと。
　四　マンション管理業の健全な発達を図るための調査及び研究を行うこと。
　五　前各号に掲げるもののほか、マンション管理業者の業務の改善向上を図るために必要な業務を行うこと。
3　指定法人は、前項の業務のほか、国土交通省令で定めるところにより、社員であるマンション管理業者との契約により、当該マンション管理業者が管理組合又はマンションの区分所有者等から受領した管理費、修繕積立金等の返還債務を負うこととなった場合においてその返還債務を保証する業務（以下「保証業務」という。）を行うことができる。

　（苦情の解決）
第96条　指定法人は、管理組合等から社員の営む業務に関する苦情について解決の申出があったときは、その相談に応じ、申出人に必要な助言をし、その苦情に係る事情を調査するとともに、当該社員に対しその苦情の内容を通知してその迅速な処理を求めなければならない。
2　指定法人は、前項の申出に係る苦情の解決について必要があると認めるときは、当該社員に対し、文書若しくは口頭による説明を求め、又は資料の提出を求めることができる。
3　社員は、指定法人から前項の規定による求めがあったときは、正当な理由がないのに、これを拒んではならない。
4　指定法人は、第1項の申出、当該苦情に係る事情及びその解決の結果について、社員に周知させなければならない。

　（保証業務の承認等）
第97条　指定法人は、保証業務を行う場合においては、あらかじめ、国土交通省令で定めるところにより、国土交通大臣の承認を受けなければならない。
2　前項の承認を受けた指定法人は、保証業務を廃止したときは、その旨を国土交通大臣に届け出なければならない。

　（保証業務に係る契約の締結の制限）
第98条　前条第1項の承認を受けた指定法人は、その保証業務として社員であるマンション管理業者との間において締結する契約に係る保証債務の額の合計額が、国土交通省令で定める額を超えることとなるときは、当該契約を締結してはならない。

（保証業務に係る事業計画書等）

第99条 第97条第１項の承認を受けた指定法人は、毎事業年度、保証業務に係る事業計画書及び収支予算書を作成し、当該事業年度の開始前に（承認を受けた日の属する事業年度にあっては、その承認を受けた後遅滞なく）、国土交通大臣に提出しなければならない。これを変更しようとするときも、同様とする。

2 第97条第１項の承認を受けた指定法人は、毎事業年度の経過後３月以内に、その事業年度の保証業務に係る事業報告書及び収支決算書を作成し、国土交通大臣に提出しなければならない。

（改善命令）

第100条 国土交通大臣は、指定法人の第95条第２項又は第３項の業務の運営に関し改善が必要であると認めるときは、その指定法人に対し、その改善に必要な措置を講ずべきことを命ずることができる。

（指定の取消し）

第101条 国土交通大臣は、指定法人が前条の規定による命令に違反したときは、その指定を取り消すことができる。

（報告及び立入検査）

第102条 第21条及び第22条の規定は、指定法人について準用する。この場合において、これらの規定中「試験事務の適正な実施」とあるのは、「第95条第２項及び第３項の業務の適正な運営」と読み替えるものとする。

第６章　雑則

（設計図書の交付等）

第103条 宅地建物取引業者（宅地建物取引業法（昭和27年法律第176号）第２条第三号に規定する宅地建物取引業者をいい、同法第77条第２項の規定により宅地建物取引業者とみなされる者を含む。以下同じ。）は、自ら売主として人の居住の用に供する独立部分がある建物（新たに建設された建物で人の居住の用に供したことがないものに限る。以下同じ。）を分譲した場合においては、国土交通省令で定める期間内に当該建物又はその附属施設の管理を行う管理組合の管理者等が選任されたときは、速やかに、当該管理者等に対し、当該建物又はその附属施設の設計に関する図書で国土交通省令で定めるものを交付しなければならない。

2 前項に定めるもののほか、宅地建物取引業者は、自ら売主として人の居住の用に供する独立部分がある建物を分譲する場合においては、当該建物の管理が管理組合に円滑に引き継がれるよう努めなければならない。

（権限の委任）

第104条 この法律に規定する国土交通大臣の権限は、国土交通省令で定めるところにより、その一部を地方整備局長又は北海道開発局長に委任することができる。

（経過措置）

第105条　この法律の規定に基づき命令を制定し、又は改廃する場合においては、その命令で、その制定又は改廃に伴い合理的に必要とされる範囲内において、所要の経過措置（罰則に関する経過措置を含む。）を定めることができる。

第7章　罰則

第106条　次の各号のいずれかに該当する者は、1年以下の懲役又は50万円以下の罰金に処する。
一　偽りその他不正の手段により第44条第1項又は第3項の登録を受けた者
二　第53条の規定に違反して、マンション管理業を営んだ者
三　第54条の規定に違反して、他人にマンション管理業を営ませた者
四　第82条の規定による業務の停止の命令に違反して、マンション管理業を営んだ者

第107条　次の各号のいずれかに該当する者は、1年以下の懲役又は30万円以下の罰金に処する。
一　第18条第1項（第38条、第58条第3項及び第94条において準用する場合を含む。）の規定に違反した者
二　第42条の規定に違反した者

2　前項第二号の罪は、告訴がなければ公訴を提起することができない。

第108条　第24条第2項（第38条、第58条第3項及び第94条において準用する場合を含む。）の規定による試験事務（第11条第1項に規定する試験事務及び第58条第1項に規定する試験事務をいう。第110条において同じ。）、登録事務又は管理適正化業務の停止の命令に違反したときは、その違反行為をした指定試験機関（第11条第1項に規定する指定試験機関及び第58条第1項に規定する指定試験機関をいう。第110条において同じ。）、指定登録機関又はセンターの役員又は職員は、1年以下の懲役又は30万円以下の罰金に処する。

第109条　次の各号のいずれかに該当する者は、30万円以下の罰金に処する。
一　第33条第2項の規定によりマンション管理士の名称の使用の停止を命ぜられた者で、当該停止を命ぜられた期間中に、マンション管理士の名称を使用したもの
二　第43条の規定に違反した者
三　第48条第1項の規定による届出をせず、又は虚偽の届出をした者
四　第56条第3項の規定に違反した者
五　第98条の規定に違反して契約を締結した者

第110条　次の各号のいずれかに該当するときは、その違反行為をした指定試験機関、指定登録機関、センター又は指定法人の役員又は職員は、20万円以下の罰金に処する。
一　第19条（第38条、第58条第3項及び第94条において準用する場合を含む。）の規定に違反して帳簿を備えず、帳簿に記載せず、若しくは帳簿に虚偽の記載をし、又は帳簿を保存しなかったとき。

二　第21条（第38条、第58条第３項、第94条及び第102条において準用する場合を含む。）の規定による報告をせず、又は虚偽の報告をしたとき。

三　第22条第１項（第38条、第58条第３項、第94条及び第102条において準用する場合を含む。）の規定による立入り若しくは検査を拒み、妨げ、若しくは忌避し、又は質問に対して陳述をせず、若しくは虚偽の陳述をしたとき。

四　第23条第１項（第38条、第58条第３項及び第94条において準用する場合を含む。）の許可を受けないで試験事務、登録事務又は管理適正化業務の全部を廃止したとき。

第111条　次の各号のいずれかに該当する者は、20万円以下の罰金に処する。

一　第67条又は第85条の規定による報告をせず、又は虚偽の報告をした者

二　第73条第１項の規定に違反して、書面を交付せず、又は同項各号に掲げる事項を記載しない書面若しくは虚偽の記載のある書面を交付した者

三　第73条第２項の規定による記名押印のない書面を同条第１項の規定により交付すべき者に対し交付した者

四　第80条又は第87条の規定に違反した者

五　第86条第１項の規定による立入り若しくは検査を拒み、妨げ、若しくは忌避し、又は質問に対して陳述をせず、若しくは虚偽の陳述をした者

六　第88条第１項の規定に違反した者

七　第99条第１項の規定による事業計画書若しくは収支予算書若しくは同条第２項の規定による事業報告書若しくは収支決算書の提出をせず、又は虚偽の記載をした事業計画書、収支予算書、事業報告書若しくは収支決算書を提出した者

2　前項第四号の罪は、告訴がなければ公訴を提起することができない。

第112条　法人の代表者又は法人若しくは人の代理人、使用人その他の従業者が、その法人又は人の業務に関して、第106条、第109条第三号から第五号まで又は前条第一項（第四号を除く。）の違反行為をしたときは、その行為者を罰するほか、その法人又は人に対しても、各本条の罰金刑を科する。

第113条　次の各号のいずれかに該当する者は、10万円以下の過料に処する。

一　第50条第１項の規定による届出を怠った者

二　第60条第４項若しくは第５項、第72条第４項又は第77条第３項の規定に違反した者

三　第71条の規定による標識を掲げない者

　　附　則

（施行期日）

第１条　この法律は、公布の日から起算して９月を超えない範囲内において政令で定める日から施行する。

（経過措置）

第２条　この法律の施行の際現にマンション管理士又はこれに紛らわしい名称を使用して

いる者については、第43条の規定は、この法律の施行後9月間は、適用しない。

第3条 第72条の規定は、管理組合から管理事務の委託を受けることを内容とする契約でこの法律の施行の日から起算して1月を経過する日前に締結されるものについては、適用しない。

2 第73条の規定は、管理組合から管理事務の委託を受けることを内容とする契約でこの法律の施行前に締結されたものについては、適用しない。

3 第77条の規定は、管理組合から管理事務の委託を受けることを内容とする契約でこの法律の施行前に締結されたものに基づき行う管理事務については、その契約期間が満了するまでの間は、適用しない。

4 第103条第1項の規定は、この法律の施行前に建設工事が完了した建物の分譲については、適用しない。

第4条 この法律の施行の際現にマンション管理業を営んでいる者は、この法律の施行の日から9月間（当該期間内に第47条の規定に基づく登録の拒否の処分があったとき、又は次項の規定により読み替えて適用される第83条の規定によりマンション管理業の廃止を命ぜられたときは、当該処分のあった日又は当該廃止を命ぜられた日までの間）は、第44条第1項の登録を受けないでも、引き続きマンション管理業を営むことができる。その者がその期間内に第45条第1項の規定による登録の申請をした場合において、その期間を経過したときは、その申請について登録又は登録の拒否の処分があるまでの間も、同様とする。

2 前項の規定により引き続きマンション管理業を営むことができる場合においては、その者を第44条第1項の登録を受けたマンション管理業者と、その事務所（第45条第1項第二号に規定する事務所をいう。）を代表する者、これに準ずる地位にある者その他国土交通省令で定める者を管理業務主任者とみなして、第56条（第1項ただし書を除く。）、第70条、第72条第1項から第3項まで及び第5項、第73条から第76条まで、第77条第1項及び第2項、第79条、第80条、第81条（第四号を除く。）、第82条、第83条（第二号を除く。）並びに第85条から第89条までの規定（これらの規定に係る罰則を含む。）並びに前条第1項から第3項までの規定を適用する。この場合において、第56条第1項中「事務所の規模を考慮して国土交通省令で定める数の成年者である専任の管理業務主任者」とあるのは「成年者である専任の管理業務主任者」と、同条第3項中「既存の事務所が同項の規定に抵触するに至ったときは」とあるのは「この法律の施行の際事務所が同項の規定に抵触するときはこの法律の施行の日から、既存の事務所が同項の規定に抵触するに至ったときはその日から」と、第82条第一号中「前条第三号又は第四号」とあるのは「前条第三号」と、同条第二号中「第48条第1項、第54条、第56条第3項、第71条」とあるのは「第56条第3項」と、第83条中「その登録を取り消さなければならない」とあるのは「マンション管理業の廃止を命ずることができる」と、第89条中「マンション

管理業者の登録がその効力を失った場合には」とあるのは「第50条第１項各号のいずれかに該当することとなった場合又は附則第４条第２項の規定により読み替えて適用される第83条の規定によりマンション管理業の廃止を命じられた場合には」と、第106条第四号中「第82条の規定による業務の停止の命令に違反して」とあるのは「第82条の規定による業務の停止の命令又は附則第４条第２項の規定により読み替えて適用される第83条の規定によるマンション管理業の廃止の命令に違反して」とする。

3　前項の規定により読み替えて適用される第83条の規定によりマンション管理業の廃止が命ぜられた場合における第30条第１項第六号、第47条第二号及び第三号並びに第59条第１項第六号の規定の適用については、当該廃止の命令をマンション管理業者の登録の取消しの処分と、当該廃止を命ぜられた日を当該登録の取消しの日とみなす。

第５条　国土交通省令で定めるところによりマンションの管理に関し知識及び実務の経験を有すると認められる者でこの法律の施行の日から９月を経過する日までに国土交通大臣が指定する講習会の課程を修了したものは、第59条第１項に規定する試験に合格した者で管理事務に関し国土交通省令で定める期間以上の実務の経験を有するものとみなす。この場合における第60条第２項ただし書の規定の適用については、同項中「試験に合格した日」とあるのは、「附則第５条に規定する国土交通大臣が指定する講習会の課程を修了した日」とする。

（日本勤労者住宅協会法の一部改正）

第６条　日本勤労者住宅協会法（昭和41年法律第133号）の一部を次のように改正する。
　　第40条中「及び不動産特定共同事業法（平成６年法律第77号）」を「、不動産特定共同事業法（平成６年法律第77号）及びマンションの管理の適正化の推進に関する法律（平成12年法律第149号）第３章」に改める。

（登録免許税法の一部改正）

第７条　登録免許税法の一部を次のように改正する。
　　別表第一第二十三号中（十七）を（十八）とし、（十六）の次に次のように加える。

| （十七）　マンションの管理の適正化の推進に関する法律（平成12年法律第149号）第30条第１項（登録）のマンション管理士の登録 | 登録件数 | １件につき９千円 |

　　別表第一第四十五号の二の次に次のように加える。

| 四十五の三　マンション管理業者の登録 |||
| マンションの管理の適正化の推進に関する法律第44条第１項（登録）のマンション管理業者の登録 | 登録件数 | １件につき９万円 |

（検討）

第８条　政府は、この法律の施行後３年を経過した場合において、この法律の施行の状況について検討を加え、その結果に基づいて必要な措置を講ずるものとする。

マンションの管理の適正化の推進に関する法律要綱

第一　総則（第1章関係）
　一　目的（第1条関係）
　　　この法律は、土地利用の高度化の進展その他国民の住生活を取り巻く環境の変化に伴い、多数の区分所有者が居住するマンションの重要性が増大していることにかんがみ、マンション管理士の資格を定め、マンション管理業者の登録制度を実施する等マンションの管理の適正化を推進するための措置を講ずることにより、マンションにおける良好な居住環境の確保を図り、もって国民生活の安定向上と国民経済の健全な発展に寄与することを目的とするものとすること。
　二　定義（第2条関係）
　　　この法律において、次に掲げる用語の意義は、それぞれに定めるところによるものとすること。
　　①　マンション　次に掲げるもの
　　　イ　2以上の区分所有者が存する建物で人の居住の用に供する専有部分のあるもの並びにその敷地及び附属施設
　　　ロ　イに掲げる建物を含む団地の土地及び附属施設
　　②　マンションの区分所有者等　①イの建物の区分所有者並びに①ロの土地及び附属施設の所有者
　　③　管理組合　マンションの管理を行う区分所有法上の団体又は管理組合法人
　　④　管理者等　管理組合の管理者又は理事
　　⑤　マンション管理士　第二の三1の登録を受け、マンション管理士の名称を用いて、専門的知識をもって、管理組合の運営その他マンションの管理に関し、管理組合の管理者等又はマンションの区分所有者等の相談に応じ、助言、指導その他の援助を行うことを業務（他の法律においてその業務を行うことが制限されているものを除く。）とする者
　　⑥　管理事務　マンションの管理に関する事務であって、基幹事務（管理組合の会計の収入及び支出の調定及び出納並びにマンション（専有部分を除く。）の維持又は修繕に関する企画又は実施の調整をいう。第三の三4において同じ。）を含むもの
　　⑦　マンション管理業　管理組合から委託を受けて管理事務を行う行為で業として行うもの（マンションの区分所有者等が当該マンションについて行うものを除く。）
　　⑧　マンション管理業者　第三の一1の登録を受けてマンション管理業を営む者
　　⑨　管理業務主任者　第三の二4㈠の管理業務主任者証の交付を受けた者
　三　マンション管理適正化指針（第3条関係）

国土交通大臣は、マンションの管理の適正化の推進を図るため、管理組合によるマンションの管理の適正化に関する指針（四㈠において「マンション管理適正化指針」という。）を定め、これを公表するものとすること。

四　管理組合等の努力（第4条関係）
㈠　管理組合は、マンション管理適正化指針の定めるところに留意して、マンションを適正に管理するよう努めなければならないものとすること。
㈡　マンションの区分所有者等は、マンションの管理に関し、管理組合の一員としての役割を適切に果たすよう努めなければならないものとすること。

五　国及び地方公共団体の措置（第5条関係）
国及び地方公共団体は、マンションの管理の適正化に資するため、管理組合又はマンションの区分所有者等の求めに応じ、必要な情報及び資料の提供その他の措置を講ずるよう努めなければならないものとすること。

第二　マンション管理士（第2章関係）

一　マンション管理士の資格（第6条関係）
マンション管理士試験（二において「試験」という。）に合格した者は、マンション管理士となる資格を有するものとすること。

二　マンション管理士の試験（第7条～第29条関係）
　1　試験
　　㈠　試験は、マンション管理士として必要な知識について行うものとすること。
　　㈡　国土交通省令で定める資格を有する者に対しては、試験の一部を免除することができるものとすること。
　2　試験の実施
　　試験は、毎年1回以上、国土交通大臣が行うものとすること。
　3　指定試験機関の指定
　　国土交通大臣は、その指定する民法上の法人に、試験の実施に関する事務を行わせることができるものとすること。

三　マンション管理士の登録（第30条～第39条関係）
　1　登録
　　マンション管理士となる資格を有する者で次のいずれにも該当しないものは、国土交通大臣の登録を受けることができるものとすること。
　　①　成年被後見人又は被保佐人
　　②　禁錮以上の刑に処せられ、又はこの法律の規定により罰金の刑に処せられ、その執行を終わり、又は執行を受けることがなくなった日から2年を経過しない者
　　③　この法律の規定によりマンション管理士、管理業務主任者又はマンション管理業者の登録を取り消され、その取消しの日から2年を経過しない者

2　マンション管理士登録証

　　国土交通大臣は、マンション管理士の登録をしたときは、申請者に氏名、生年月日等を記載したマンション管理士登録証を交付するものとすること。

3　登録の取消し等

　㈠　国土交通大臣は、マンション管理士が1の①から③までのいずれかに該当する場合等には、その登録を取り消さなければならないものとすること。

　㈡　国土交通大臣は、マンション管理士が四の1から3までに違反したときは、その登録を取り消し、又は期間を定めてマンション管理士の名称の使用の停止を命ずることができるものとすること。

4　登録免許税及び手数料

　　マンション管理士の登録を受けようとする者は登録免許税を、登録証の再交付又は訂正を受けようとする者は手数料を、それぞれ国に納付しなければならないものとすること。

5　指定登録機関の指定

　　国土交通大臣は、その指定する民法上の法人に、マンション管理士の登録の実施に関する事務を行わせることができるものとすること。

四　マンション管理士の義務等（第40条～第43条関係）

1　信用失墜行為の禁止

　　マンション管理士は、マンション管理士の信用を傷つけるような行為をしてはならないものとすること。

2　講習

　　マンション管理士は、国土交通省令で定める期間ごとに、国土交通大臣が指定する講習を受けなければならないものとすること。

3　秘密保持義務

　　マンション管理士は、正当な理由がなく、その業務に関して知り得た秘密を漏らしてはならないものとすること。マンション管理士でなくなった後においても、同様とするものとすること。

4　名称の使用制限

　　マンション管理士でない者は、マンション管理士又はこれに紛らわしい名称を使用してはならないものとすること。

第三　マンション管理業（第3章関係）

一　マンション管理業者の登録（第44条～第55条関係）

1　登録

　㈠　マンション管理業を営もうとする者は、国土交通省に備えるマンション管理業者登録簿に登録を受けなければならないものとすること。

㈡　マンション管理業者の登録の有効期間は、5年とし、引き続きマンション管理業を営もうとする者は、更新の登録を受けなければならないものとすること。
2　登録の実施
　　国土交通大臣は、登録の申請があったときは、3により登録を拒否する場合を除くほか、マンション管理業者登録簿に登録しなければならないものとすること。
3　登録の拒否
　　国土交通大臣は、マンション管理業者の登録を受けようとする者が次のいずれかに該当するとき、又は登録申請書若しくはその添付書類のうちに重要な事項について虚偽の記載があり、若しくは重要な事実の記載が欠けているときは、その登録を拒否しなければならないものとすること。
　①　成年被後見人若しくは被保佐人又は破産者で復権を得ないもの
　②　マンション管理業者の登録を取り消され、その取消しの日から2年を経過しない者
　③　マンション管理業者で法人であるものがマンション管理業者の登録を取り消された場合において、その取消しの日前30日以内にそのマンション管理業者の役員であった者でその取消しの日から2年を経過しないもの
　④　マンション管理業者の業務の停止を命ぜられ、その停止の期間が経過しない者
　⑤　禁錮以上の刑に処せられ、又はこの法律の規定により罰金の刑に処せられ、その執行を終わり、又は執行を受けることがなくなった日から2年を経過しない者
　⑥　マンション管理業に関し成年者と同一の能力を有しない未成年者でその法定代理人が①から⑤までのいずれかに該当するもの
　⑦　法人でその役員のうちに①から⑤までのいずれかに該当する者があるもの
　⑧　事務所について二1の要件を欠く者
　⑨　マンション管理業を遂行するために必要と認められる国土交通省令で定める基準に適合する財産的基礎を有しない者
4　マンション管理業者登録簿等の閲覧
　　国土交通大臣は、マンション管理業者登録簿その他国土交通省令で定める書類を一般の閲覧に供しなければならないものとすること。
5　登録免許税及び手数料
　　マンション管理業者の登録を受けようとする者は登録免許税を、その更新の登録を受けようとする者は手数料を、それぞれ国に納付しなければならないものとすること。
6　無登録営業の禁止
　　マンション管理業者の登録を受けない者は、マンション管理業を営んではならないものとすること。

7 名義貸しの禁止

マンション管理業者は、自己の名義をもって、他人にマンション管理業を営ませてはならないものとすること。

二 管理業務主任者（第56条～第69条関係）

1 管理業務主任者の設置

マンション管理業者は、事務所ごとに、国土交通省令で定める数の成年者である専任の管理業務主任者を置かなければならないものとすること。ただし、人の居住の用に供する独立部分が国土交通省令で定める数以上であるマンションの管理事務をその業務としない事務所については、この限りでないものとすること。

2 管理業務主任者試験

㈠ 試験

① 管理業務主任者試験（以下2において「試験」という。）は、管理業務主任者として必要な知識について行うものとすること。

② 国土交通省令で定める資格を有する者に対しては、試験の一部を免除することができるものとすること。

㈡ 試験の実施

試験は、毎年1回以上、国土交通大臣が行うものとすること。

㈢ 指定試験機関の指定

国土交通大臣は、その指定する民法上の法人に、試験の実施に関する事務を行わせることができるものとすること。

3 登録

試験に合格した者で、国土交通省令で定める実務経験等を有し、次のいずれにも該当しないものは、国土交通大臣の登録を受けることができるものとすること。

① 成年被後見人若しくは被保佐人又は破産者で復権を得ないもの

② 禁錮以上の刑に処せられ、又はこの法律の規定により罰金の刑に処せられ、その執行を終わり、又は執行を受けることがなくなった日から2年を経過しない者

③ この法律の規定によりマンション管理士、管理業務主任者又はマンション管理業者の登録を取り消され、その取消しの日から2年を経過しない者

4 管理業務主任者証の交付等

㈠ 3の登録を受けている者は、国土交通大臣に対し、管理業務主任者証の交付を申請することができるものとすること。

㈡ 管理業務主任者証の更新を受けようとする者等は、国土交通大臣が指定する講習を受けなければならないものとすること。

㈢ 管理業務主任者証の有効期間は、5年とするものとすること。

5 手数料

3の登録、管理業務主任者証の交付等を受けようとする者は、手数料を国に納付しなければならないものとすること。
三　業務等（第70条～第90条関係）
　1　業務処理の原則
　　　マンション管理業者は、信義を旨とし、誠実にその業務を行わなければならないものとすること。
　2　重要事項の説明等
　　　マンション管理業者は、管理事務の受託を内容とする契約を締結しようとするときは、あらかじめ、管理組合の管理者等及びマンション区分所有者等に対し、重要事項を記載した書面を交付し、管理業務主任者をして、説明会等において、重要事項について説明をさせなければならないものとすること。
　3　契約の成立時の書面の交付
　　　マンション管理業者は、2の契約を締結したときは、当該管理組合の管理者等（管理者等が置かれていないときは、マンションの区分所有者等）に対し、遅滞なく、当該契約の内容を記載した書面を交付しなければならないものとすること。
　4　再委託の制限
　　　マンション管理業者は、管理組合から委託を受けた管理事務のうち基幹事務については、これを一括して他人に委託してはならないものとすること。
　5　帳簿の作成等
　　　マンション管理業者は、委託を受けたマンションの管理事務について、帳簿を作成し、これを保存しなければならないものとすること。
　6　財産の分別管理
　　　マンション管理業者は、管理組合から委託を受けて管理する修繕積立金等については、自己の固有財産及び他の管理組合の財産と分別して管理しなければならないものとすること。
　7　管理事務の報告
　　　マンション管理業者は、管理事務の委託を受けた管理組合の管理者等（管理者等が置かれていないときは、マンションの区分所有者等）に対し、定期に、管理業務主任者をして、当該管理事務に関する報告をさせなければならないものとすること。
　8　管理業務主任者としてすべき事務の特例
　　　マンション管理業者は、二1ただし書の管理事務以外の管理事務については、管理業務主任者に代えて、事務所を代表する者又はこれに準ずる地位にある者をして、管理業務主任者としてすべき事務を行わせることができるものとすること。
　9　書類の閲覧
　　　マンションの管理業者は、業務及び財産の状況を記載した書類を事務所ごとに備

え置き、その業務に係る関係者の求めに応じ、これを閲覧させなければならないものとすること。
　　10　秘密保持義務
　　　　マンション管理業者は、正当な理由がなく、その業務に関して知り得た秘密を漏らしてはならないものとすること。マンション管理業者でなくなった後においても、同様とするものとすること。
　　11　マンション管理業者の監督
　　　　国土交通大臣は、マンション管理業者がこの法律の規定に違反する行為等があったときは、必要な指示、業務停止命令、登録の取消し等の措置をとることができるものとすること。
第四　マンション管理適正化推進センター（第4章関係）
　　国土交通大臣は、管理組合によるマンションの管理の適正化の推進に寄与することを目的とする民法上の財団法人であって、次に掲げる業務に関し一定の基準に適合すると認められるものを、その申請により、全国に1を限って、マンション管理適正化推進センターとして指定することができるものとすること。
　①　情報及び資料の収集及び整理をし、並びにこれらを管理組合の管理者等その他の関係者に対し提供すること。
　②　管理組合の管理者等その他の関係者に対し技術的な支援を行うこと。
　③　管理組合の管理者等その他の関係者に対し講習を行うこと。
　④　苦情の処理のために必要な指導及び助言を行うこと。
　⑤　調査及び研究を行うこと。
　⑥　啓発活動及び広報活動を行うこと。
第五　マンション管理業者の団体（第5章関係）
　一　国土交通大臣は、マンション管理業者の業務の改善向上を図ることを目的とし、かつ、マンション管理業者を社員とする民法上の社団法人であって、業務を適正かつ確実に行うことができると認められるものを、その申請により、次に掲げる業務を行う者として指定することができるものとすること。
　　①　社員に対し、この法律を遵守させるための指導、勧告その他の業務を行うこと。
　　②　管理組合等からの苦情の解決を行うこと。
　　③　管理業務主任者等に対し研修を行うこと。
　　④　マンション管理業の健全な発達を図るための調査及び研究を行うこと。
　二　一の指定を受けた者は、国土交通大臣の承認を受け、マンション管理業者が管理組合等から受領した管理費、修繕積立金等の返還債務を負うこととなった場合においてその返還債務を保証する業務を行うことができるものとすること。
第六　雑則（第6章関係）

一　設計図書の交付
　　　宅地建物取引業者は、自ら売主として新築マンションを分譲した場合においては、管理者等に対して、設計に関する図書を交付しなければならないものとすること。
　二　権限の委任
　　　この法律に規定する国土交通大臣の権限は、その一部を地方整備局長又は北海道開発局長に委任することができるものとすること。
第七　罰則（第7章関係）
　　登録を受けないでマンション管理業を営んだ者に関する罰則等について規定するものとすること。
第八　附則
　一　施行期日
　　　この法律は、公布の日から起算して9月を超えない範囲内において政令で定める日から施行するものとすること。
　二　経過措置
　　㈠　この法律の施行の際マンション管理士又はこれに紛らわしい名称を使用している者については、第二の四4は、法律の施行後9月間は適用しないものとすること。
　　㈡　この法律の施行の際現にマンション管理業を営んでいる者は、法律の施行日から9月間は引き続きマンション管理業を営むことができるものとすること。
　　㈢　マンションの管理に関し知識及び実務の経験を有すると認められる者で法律の施行日から9月を経過する日までに国土交通大臣が指定する講習会の課程を修了したものは、管理業務主任者となる資格を有する者とみなすものとすること。
　三　関係法律の一部改正
　　　所要の関係法律の一部改正を行うものとすること。

Q&Aマンション管理適正化法

2001年2月3日　第1版第1刷発行
2001年10月30日　第1版第8刷発行

編　著　　マンション管理適正化研究会

発行者　　松　林　久　行

発行所　　株式会社 大成出版社

東京都世田谷区羽根木1―7―11
〒156-0042　電話03(3321)4131(代)

©2001　マンション管理適正化研究会　　　　印刷　亜細亜印刷
落丁・乱丁はおとりかえいたします。
ISBN4-8028-8574-1

大成出版社の好評既刊

マンション管理適正化法の解説

監修●衆議院議員・弁護士　山本有二
共著●弁護士　岡本正治・宇仁美咲

マンション管理適正化法 唯一の解説書！

A5判・320ページ・定価2,415円（本体2,300円）・送料実費

マンション管理適正化法をわかりやすく解説！
本法律一の解説書！
図書コード8705

新版 マンション管理実務法令集

監修●国土交通省住宅局住宅総合整備課マンション管理対策室
　　　国土交通省総合政策局不動産業課
編集●財団法人マンション管理センター
　　　社団法人高層住宅管理業協会

マンション管理関係法令を網羅！

A5判・1,170ページ・定価3,780円（本体3,600円）・送料実費

○マンション管理士試験12月9日 実施
○管理業務主任者試験12月16日 実施
マンション管理関係法令を網羅！
関係者必携の書！
図書コード8642

大成出版社　〒156-0042　東京都世田谷区羽根木1-7-11
TEL 03 (3321) 4131　FAX 03 (3325) 1888
http://www.taisei-shuppan.co.jp/